개성만점 페이스 페인팅 활용
Face Painting

국제파티예술문화협회 편집부 엮음

일진사

발간사

많은 이들의 땀과 노력, 특히 저자들의 열정으로 오랜 시간을 들여 '페이스페인팅'을 세상에 내놓게 되었습니다.

'페이스페인팅'의 출판은 (사)국제파티예술문화협회가 창립한 후 행한 첫 사업입니다. 책을 통해 협회의 얼굴을 더 많이 알릴 수 있게 되었다는 사실에 무엇보다 뿌듯한 마음이 앞섭니다.

언제부턴가 사람들이 많이 모이는 자리에서 이목을 끌고자 할 때나, 흥을 더욱 돋우고자 할 때 얼굴이나 몸에 각양각색의 그림을 그리고 있는 모습을 자연스럽게 접했을 겁니다.

이렇게 페이스페인팅은 각종 이벤트와 파티를 비롯한 여흥문화가 발전하면서 중요한 요소로 자리 잡아가고 있을 뿐만 아니라 그 수요 또한 점점 늘어나고 있는 추세입니다.

페이스페인팅만큼 빠르게 사람을 하나로 묶고 분위기를 전환시킬 수 있는 것도 드물기 때문입니다. 뿐만 아니라 유아교육분야에서의 페이스페인팅의 활용도 또한 나날이 높아지고 있습니다. 때문에 페이스페인팅의 발전 가능성은 다른 무엇보다 무궁무진하다고 봅니다.

하지만 우리나라에서 페이스페인팅은 그 자리가 정확하게 잡혀가고 있다고 보기에는 다소 어려운 점도 있습니다. 이것이 (사)국제파티예술문화협회가 태어난 또 하나의 이유인 동시에 '페이스페인팅'이 책이 나오게 된 가장 큰 이유라고 볼 수 있습니다.

이 책을 시발점으로 한국에서 페이스페인팅이 좀 더 보편화됨은 물론 그 밑거름이 더욱 단단해지기를 바래봅니다.

협회 또한 페이스페인팅을 하는 사람들을 위한 체계적인 교육을 지속적으로 펼쳐나감은 물론 페이스페인팅이 좀 더 발전적인 모습을 갖출 수 있도록 더욱 노력할 것입니다.

다시 한번 이 자리를 빌어서 책이 나오기까지 애쓰신 많은 분들에게 감사의 인사를 대신하고자 합니다. 책이 만들어지는 내내 고생하고 마음 쓰신 여섯 분의 저자들과 유정길 지부장을 비롯한 협회의 모든 지부장님들, 멋진 사진을 찍어주신 구자익 팀장님을 비롯한 kook studio 사람들, 그리고 무엇보다 모델이 되어주느라 고생한 우리 꼬마 모델들에게 고마움과 함께 깊은 애정을 보냅니다.

(사)국제파티예술문화협회 회장
이기태

추천사

국제파티예술문화협회에서 '페이스페인팅' 책이 발간된 것을 진심으로 축하합니다. 그동안 책이 만들어지기까지 이기태 회장님과 저자들의 노고를 치하하며 앞으로 페이스페인팅의 보급과 발전에 많은 기여를 하리라 생각합니다. 외국에서는 축제 등 파티문화와 더불어 친숙한 문화적 형태로 자리 잡았지만 우리나라에서는 어린이들의 놀이공원에서의 간단한 페이스페인팅과 스포츠 관람 때 응원단의 얼굴이나 몸의 일부에 그림을 그려넣는 것이 고작이었습니다. 그러나 2002년 월드컵 개최와 더불어 일반인들에게도 페이스페인팅이 친숙하게 접근하는 계기가 되었고 이후 페이스페인팅이 점점 많이 활용되어지고 있습니다.
젊은이들이 그들만의 개성을 살리기 위해서 클럽이나 바에서 페이스페인팅이나 몸의 일부에 페인팅을 즐기고 또한 업체에서는 자사의 홍보를 위해 업체가 원하는 콘셉트에 맞추어 원하는 디자인, 심볼, 로고 등을 이용하여 모델의 몸에 바디페인팅을 해주고 있습니다.

또 우리나라에서도 파티문화가 조금씩 정착되면서 어린아이부터 성인들까지 얼굴이나 몸의 일부에 페인팅하는 것을 즐기고 있습니다. 이렇게 여러 영역에서 바디페인팅이나 페이스페인팅의 활용가치가 높아지고 있으며 제 1세대 바디페인팅 아티스트로서 바디페인팅과 같은 맥락인 페이스페인팅과 관련된 이 책자의 발간이 너무나도 기쁘며 앞으로의 페이스페인팅의 무한한 가능성을 기대해 봅니다.

한국바디페인팅협회 회장 · 최지나 바디페인팅연구소 소장 *최지나*

자신의 얼굴이나 신체의 한 부분을 아름답게 꾸미고자 하는 것은 인간의 본성입니다. 이러한 인간성의 시작은 그 예전 동굴 벽이나 바위 등에 그림을 그리던 시절까지 거슬러 올라갑니다. 그때는 동굴이나 바위뿐만 아니라 사람의 얼굴과 몸에도 그림을 그렸는데, 이것은 '미(美)의 추구'라는 목적뿐만 아니라 다른 무리와 자신들의 무리를 구별한다든지, 전쟁에서 승리한 전사(戰士)의 상징이 되기도 하는 등 특정 이유에서 이루어지기도 했습니다.

피부에 회화, 조각, 문신 등 인간의 몸을 이미지화시켜 재구성하는 것을 바디페인팅이라고 하는데, 그 중 얼굴 부분에 국한시킨 것이 페이스페인팅입니다. 페이스페인팅의 역사는 처음에 잠깐 언급했듯이 추측하기 힘든 만큼 길다고 볼 수 있습니다. 하지만 페이스페인팅이 정식 예술의 한 분야로 인정받기 시작한 것은 그리 오래되지 않았습니다. 하지만 다른 예술 분야와 달리 영구적인 것이 아니라 짧은 시간 한순간만 포착하는 짧은 생명력과, 반복하여 찍을 수 없다는 점, 같은 기법으로 다시 재현한다고 하더라도 똑같은 작품을 만들어 낼 수 없는 순간예술이라는 점 때문에 더욱 매력적인 분야라고 할 수 있습니다.

이제 우리나라에서도 페이스페인팅이 축제의 흥을 더하기 위한 수단으로서뿐 아니라 하나의 예술로 자리 잡을 날이 멀지 않았다고 봅니다. 하지만 정작 페이스페인팅을 하는 사람들을 위한 제대로 된 자료가 국내에는 전무하다고 할 정도로 빈약합니다.

이번에 (사)국제파티예술문화협회에서 발행되는 이 책이 앞으로 페이스페인팅 공부를 시작하고자하는 사람들이나 이제 막 페이스페인팅의 세계에 입문한 사람들에게 훌륭한 지침서가 되기를 바랍니다.

삼육간호보건대학 피부미용과 겸임교수 *염윤정*

02	발간사
03	추천사
04	목 차
06	**페이스페인팅 시작하기**

페이스페인팅이란? • 06 / 페이스페인팅의 필요성 • 06 / 페이스페인팅의 종류 • 06 / 그리는 방법 • 06 / 주의사항 • 06

07 물감 및 기타재료

수성물감 • 07 / 유성물감 • 07 / 반짝이 • 07 / 기타재료 • 07

09 붓과 사용법

붓의 종류 • 09 / 붓의 사용법 • 09 / 붓의 보관법 • 09

10 기 법

직선 그리기 • 10 / 곡선 그리기 • 10 / 원 그리기 • 10 / 말아 그리기 • 10 / 물방울 그리기 • 10 / 커브 그리기 • 11 / 스프링 그리기 • 11 / 점찍기 • 11 / 투톤 그리기 • 11 / 무브먼트와 여러 가지 활용 • 11

12 혼색과 색상

감법혼색과 색상환 • 12 / 그라데이션 기법 • 12 / 색의 속성 • 13 / 색상이 가지는 이미지 • 13 / 배색에 따른 조화 • 13

14 Part 1 칙아트

꽃 • 16 / 나비 • 17 / 돌고래 • 18 / 잠자리 • 19 / 별똥별 • 20 / 백조 • 21 / 축구공 • 22 / 해바라기 • 23 / 고양이 • 24 / 토끼 • 25 / 달팽이 • 26 / 선물 • 27 / 로켓 • 28 / 꼬마자동차 • 29 / 펭귄 • 30 / 전갈 • 31 / 앵두 • 32 / 도마뱀 • 33 / 개구리 • 34 / 날개하트 • 35 / 칙아트 갤러리 • 36

38 Part 2 동물분장

토끼 • 40 / 마르티스 • 41 / 다람쥐 • 42 / 고양이 • 43 / 호랑이 • 44 / 무당벌레 • 45 / 팬더 • 46 / 강아지 • 47 / 사자 • 48 / 쥐 • 49 / 돼지 • 50 / 문어 • 51 / 상어 • 52 / 동물분장 갤러리 • 53

54 Part 3 키즈 파티

마법사 • 56 / 발레리나 • 57 / 거미마스크 • 58 / 파티마스크 • 59 / 나비마스크 • 60 / 숲속의 왕자 • 61 / 프린스 • 62 / 프린세스 • 63 / 핑크하트 • 64 / 배트맨 • 65 / 환타지1 • 66 / 환타지2 • 67 / 키즈파티 갤러리 • 68

Part 4 핸드·풋페인팅
코끼리•72 / 강아지•73 / 발레리나•74 / 뱀•75 / 꽃팔찌•76 / 돼지가족•77 / 슬리퍼•78 / 핸드·풋페인팅 갤러리•79

Part 5 삐에로
삐에로1•82 / 삐에로2•83/ 삐에로3•84 / 삐에로4•85 / 삐에로5•86 / 삐에로 갤러리•87

Part 6 전도 그림
가시 면류관•90 / 포도•91 / 사랑의 십자가•92 / 부활•93 / 부활절 병아리•94 / 하트리본•95 / 성경책•96 / 십자가 백합•97 / 길 잃은 양•98 / 성경과 십자가•99 / 두루마리 양피지•100 / 벼이삭•101 / 놋뱀•102 / 최후의 심판•103 / 태양•104 / 생명의 나무•105 / 부활절 달걀•106 / 노아의 비둘기•107 / 전도그림 갤러리•108

Part 7 할로윈 파티
유령과 박쥐•112 / 할로윈 호박•113/ 스파이더맨•114 / 해골•115 / 할로윈 마녀•116 / 할로윈 파티 갤러리•117

Part 8 크리스마스
눈사람•120 / 금종•121 / 크리스마스 트리•122 / 캔디케인•123 / 루돌프•124 / 산타 할아버지•125 / 성탄초•126 / 성탄열매•127 / 눈결정•128 / 크리스마스 갤러리•129

Part 9 템퍼러리 타투
스텐실•132 / 펄 타투•133 / 레인보우 타투1•134 / 레인보우 타투2•135 / 에어브러쉬1•136 / 에어브러쉬2•137 / 템퍼러리 타투 갤러리•138

도안 및 포토갤러리
환타지 디자인•140 / 클립아트•142 / 포토갤러리•144

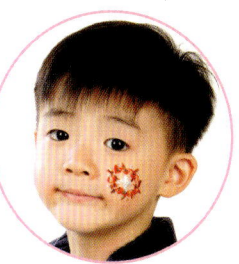

페이스페인팅 시작하기

▶ 페이스페인팅이란?
얼굴이나 어깨 등 신체에 그림을 그려주는 것으로, 각종 이벤트나 축제 등에 많이 쓰이고 있다. 월드컵 이후로 점차 확산되어 지금은 남녀노소 누구나 즐겨 찾고 있으며, 파티나 특별한 날을 즐기고 싶어하는 성인들에게 많은 인기를 끌고 있다. 그리는 시간이 짧아서 짧은 시간에 많은 인원에게 서비스 할 수 있는 장점이 있다.

▶ 페이스페인팅의 필요성
- 행사 참여자들에게 능동적인 참여를 유도한다.   ● 파티의 흥미를 고조시킨다.
- 참여자들에게 일체감을 준다.   ● 아동의 상상력 발달에 도움을 준다.

▶ 페이스페인팅의 종류
페이스 페인팅 : 칙 아트(cheek art), 환타지(fantasy), 전체 분장(full face) 등
핸드 페인팅(hand painting) : 손바닥, 손등, 손가락 등 손 위에 그려진 그림
풋 페인팅(foot painting) : 발바닥, 발등, 발가락 등 발 위에 그려진 그림
에어브러시(air brush) : 콤퓨레샤를 연결해서 에어브러시로 미세한 물감의 입자를 뿜어내어 그리는 페인팅으로 간단하고 빠른 완성을 위해서 주로 스텐실 기법을 사용한다.
※ 스텐실 기법(stencil) : 구멍이 뚫린 판을 대고 붓이나 스펀지를 이용하여 구멍을 메운 후에 판을 떼어낸다. 주로 같은 도안을 계속 사용해야 하는 행사에 쓰인다.

▶ 페이스페인팅 그리는 방법
1 한 손으로 모델의 머리를 잡아 고정시키고 다른 한 손으로 그림을 그린다.
2 전체적으로 면이 넓은 바탕색은 촉촉한 스폰지로 칠한다.
3 색을 좀 더 짙게 칠하려면 한번 칠하고 마른 후에 그 위에 같은 색을 다시 한번 더 칠하도록 한다.
4 밝고 옅은 색을 먼저 칠하고 어둡고 짙은 색을 나중에 칠한다.
5 어린아이들은 집중시간이 짧으므로 디자인은 간단한 것을 사용하는 것이 좋다.

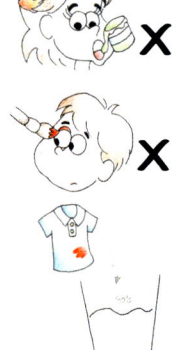

▶ 주의사항
1 틀린 부분이 있어도 휴지나 면봉으로 닦아내지 말고 그 상태에서 수정할 수 있도록 한다.
2 무독성의 물감을 사용하며, 아이들이 삼키지 않도록 주의한다.
3 3세 이하의 유아들에게는 사용하지 말도록 권장하며, 물감이나 조각들을 삼킬 수 있으니 보호자에게 각별히 주의를 요구한다.
4 상처 부위나 눈 주위에는 직접 닿지 않도록 하며 특히 반짝이나 빨간색 물감을 눈 주위에 사용하지 않도록 한다.
5 물감은 차고 건조한 곳에 보관하며 개봉 후 6개월 이내에 사용하도록 한다.
6 피부에 알레르기가 있는 사람은 사용하지 말고, 예민한 피부의 경우는 팔꿈치 안쪽에 약간 칠한 후 60분 이내에 예민 반응이 일어나는지 살핀 다음 그림을 그리도록 한다.
7 물감이 옷에 묻었을 경우 즉시 중성세제를 사용하여 따뜻한 물로 세탁한다.

페이스페인팅 재료 설명
물감 및 기타재료

수성물감 Aqua

▶ **물감의 종류**

액체타입 : 젤 상태의 액체로 붓에 물을 약간 묻힌 후 바로 물감을 찍어 사용한다. 이 물감은 고체타입이나 유성물감에 비해 발색력이 우수하고 혼색를 함으로써 여러 가지 색을 만들기가 쉽다. 하지만 고체물감에 비해 마르는 시간이 많이 걸리므로 그림이 지워지거나 빠른 작업 또는 반짝이 젤을 사용할 경우 번지는 경우가 많다. 또한 색에 따라 원래 피부색이 드러나 보이는 경우가 있으므로 작업 시 주의해야 한다.

고체타입 : 물을 첨가하지 않았을 때 딱딱한 고체형으로 붓에 물을 듬뿍 묻혀 물감위에서 잘 저어 용해시켜 사용하는 형태의 물감으로, 물감을 사용할 경우 빨리 마르고 오래 쓸 수 있고 사용량이 많아 경제적이나 색이 연하고 땀에 잘 지워지고 색 위에 덧칠을 할 경우 색이 섞이는 단점이 있다.

특수목적용 물감 : 야광 물감 – 특수 소재의 발광용 가루를 섞어서 만든 피부사용 물감으로 UV광인 블랙나이트에서만 발광하는 특수한 물감이다.
형광색 물감 – 일반 조명이나 자연광 아래 물감의 색깔이 빛이 나서 형광색처럼 보인다.

▶ **물감의 특성**

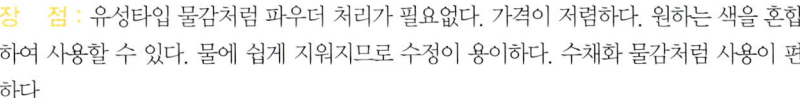

장 점 : 유성타입 물감처럼 파우더 처리가 필요없다. 가격이 저렴하다. 원하는 색을 혼합하여 사용할 수 있다. 물에 쉽게 지워지므로 수정이 용이하다. 수채화 물감처럼 사용이 편하다.
단 점 : 땀과 물에 잘 지워진다. 장시간 색상 유지가 어렵다. 두껍게 바를 때 피부 움직임에 따라 갈라진다. 덧칠이 용이하지 않다.

유성물감 Creamy

유성물감은 피부에 바른 후 오랜 시간이 지나도 갈라지지 않고 발색력이 우수하며 그라데이션이 용이하다. 또한 화장품과 같은 형태의 재료를 사용하기 때문에 립스틱이나 화장펜 등을 같이 사용할 수 있으나 색이 마르지 않는 스타일이므로 오랜 후에 얼굴을 부비면 번지게 되고 물감을 바른 후에 번들거림이 있어 투명 파우더 처리를 하거나 색상을 바꿀 때마다 따로 파우더 처리를 해야 하는 번거로움과 세안 시 클렌징크림이나 별도의 세안용 화장품을 사용해야 한다.

▶ **물감의 특성**

장 점 : 땀과 물에 잘 지워지지 않는다. 장시간 지속성이 좋다. 채색 후 갈라짐이 없다.
단 점 : 수성에 비해 가격이 비싸다. 번들거림이 있어 파우더 처리를 해야 한다. 지울 때에는 클렌징크림을 사용하는 번거로움이 있다.

반짝이 Glitter

페이스페인팅을 하고 난 후 반짝이를 사용하면 그림이 고급스럽고 세련된 느낌을 주게 된다. 그러나 너무 많이 사용하면 도리어 역효과를 낼 수 있으므로 많이 경험해 보거나 연습을 통해 효과적인 부분에 반짝이를 사용하거나 그림에 따른 적당한 수준의 사용이 요구된다.

▶ 반짝이의 종류

젤타입 반짝이

튜브형으로 되어 있으며, 가는 선을 그리기도 쉽고 원하는 포인트에 부분적으로 사용하기 매우 편리하다.

여러 가지 색으로 구성되어 있으며 보관이나 사용이 편리하여 대부분의 페이스페인팅 전문가들은 이 젤타입의 반짝이를 선호하고 있다.

가루타입 반짝이

폴리에스테르 재질의 가루이며 그 자체가 상품인 것으로 수성물감이나 유성물감으로 그림을 그린 후 부분적으로나 전체적으로 고르게 조금씩 뿌려 강조와 고급스런 느낌을 주는 데 주로 사용되며, 템퍼러리 타투인 레인보우 타투에도 사용되나 가루가 날리는 단점이 있어 눈 주위에는 사용하지 않도록 주의한다.

기타 재료

▶ 기타 재료

스폰지, 보석, 면봉, 물통, 팔레트, 손거울, 물티슈, 스피릿검, 펄 타투, 레인보우 타투 등

페이스페인팅
붓과 사용법

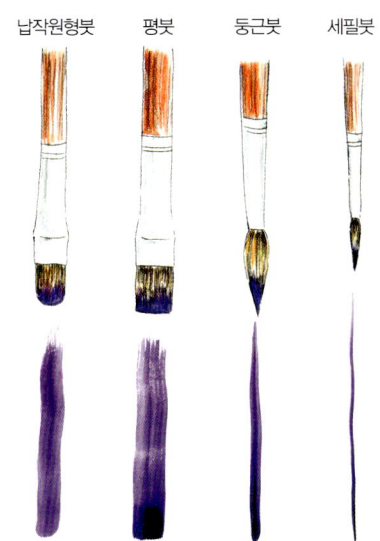

붓의 종류

둥근붓/세필붓 1~2호 : 테두리 및 얇은 라인작업을 할 때 사용
　　　　　　　 3~5호 : 가장 많이 사용하는 기본적인 붓
　　　　　　　 6호 이상 : 넓은 면이나 굵은 선을 칠할 때 사용
평붓(납작붓) 바탕이나 넓은 면을 칠할 때 사용
납작원형붓 평붓과 같은 용도로 쓰이나 모서리의 각이 없어 원형 느낌을 표현할 때 사용한다.

붓의 사용법

　붓은 볼펜이나 연필과는 달라서 붓에 가해지는 압력에 따라 다양한 굵기의 선이 나오게 된다. 가는 호수의 붓이라도 압력에 따라 아주 가는 선을 그릴 수도 있고 굵은 선을 그릴 수도 있는 것이다. 붓을 자유자재로 사용하기 위해서는 먼저 붓에 어느 정도의 압력이 가해질 때 가장 편안하고 좋은 선이 나오는가를 테스트하고 거기에 맞춰 부단한 연습을 하는 것이 필요하다.

　붓으로 라인을 그릴 때의 가장 중요한 점은 쉬지 말고 한번에 그리는 데에 있다. 또한 붓에 가해지는 힘이 일정할수록 굵기가 일정한 선이 나오게 되며 붓의 모(毛)가 향하는 방향과 선의 진행 방향이 일치해야 좋은 선이 나온다. 이러한 활용법은 주로 둥근붓이나 세필붓을 사용하는 방법으로 넓은 면을 칠해야 하는 때에는 적합하지 않다. 둥근붓은 붓이 지나간 자리를 심하게 남기므로 면을 채워야 할 때는 평붓(납작붓)을 사용하도록 하며, 꽃잎이나 면이 넓고 모서리가 둥근 곳을 칠할 때는 납작원형붓을 사용하도록 한다.

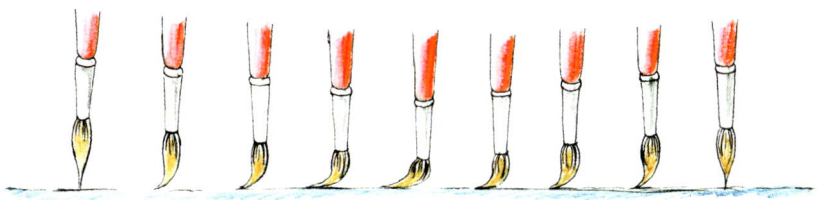

붓의 보관법

- 붓을 사용한 후에는 깨끗이 세척해서 보관한다.
- 물감이 묻은 상태로 보관하면 붓의 수명이 짧아지게 된다.
- 붓 모(毛)를 바르게 정돈하여 보관한다.
- 주기적으로 붓을 미지근한 물에 비누로 세척하는 것이 좋다.
- 비좁은 장소에 보관하지 않는다.
- 장기간 사용하지 않을 경우 서늘하고 통풍이 잘 되는 곳에 건조시켜 보관한다.

TIP

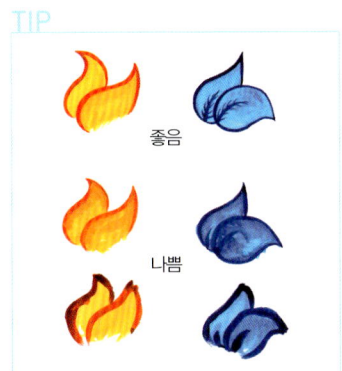

페이스페인팅 기법

직선 그리기 I

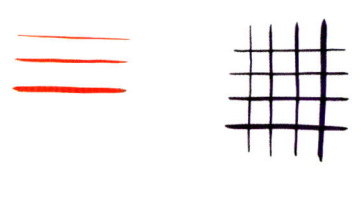

붓의 호수나 붓을 누르는 힘의 정도에 따라 선의 굵기에 차이가 나므로 적당한 호수를 선택하여 일정한 힘을 주어 그리는 것이 바람직하다.
처음과 끝의 굵기가 동일한 직선은 외곽선이나 라인을 강조하는 그림에 적당하다.

직선 그리기 II

붓을 처음에는 많이 눌렀다가 끝으로 갈수록 누르는 힘을 빼서 그리게 되면 자연스러운 붓의 라인을 그대로 살릴 수 있다.
환타지나 마스크 등 대부분의 그림에 자연스럽게 사용할 수 있다.

곡선 그리기

곡선은 붓의 모 부분이 그림을 그리는 방향으로 향해 있을 때 가장 자연스럽게 그릴 수 있다. 되도록 멈추지 말고 한번에 그릴 수 있도록 연습한다.

원 그리기

원의 모양을 그리기 힘들 때는 동전을 피부에 눌러서 모양이 찍히게 한 후 그리는 연습을 한다. 모양이 찌그러지지 않도록 주의하며 외곽선으로 사용하는 경우에는 힘을 일정하게 가해 굵기의 변화가 없이 그리는 것이 효과적이다.

말아 그리기

원 그리기가 잘 되면 말아 그리기도 자연스럽게 그릴 수 있다. 단 붓 끝이 많이 휘지 않을 정도의 힘을 가해서 그리면 동일한 두께의 선을 얻을 수 있다.
달팽이의 집, 해, 무브먼트나 효과 악세사리 등으로 사용 가능하다.

물방울 그리기

둥근붓을 익숙하게 하는데 가장 좋은 기법으로 이 기법 자체가 둥근붓의 특성을 100% 활용한 것이다. 붓의 끝을 세워서 점을 찍듯이 붓의 뿌리 부분을 눌러준다.
누르는 강도에 따라 물방울의 크기와 모양이 달라지게 된다.

커브 그리기
C자 모양과 비슷하며 방향을 달리하여 반복적으로 그리면 띠 모양을 형성된다. 신체 부위에 띠 모양을 그리면 좋다.

스프링 그리기
처음과 2/3지점은 같은 힘을 주어 3자를 그리듯 그리며 끝부분은 힘을 빼어 빨리 그려 끝을 날카롭게 표현한다.
공이 굴러가는 무브먼트나 꽃의 넝쿨에 많이 사용된다.

점찍기
붓의 모양과 크기, 누르는 강도에 따라 점의 모양이 달라진다.
붓의 뒷부분을 이용하여 점을 찍기도 한다.
점을 점점 작게 표현하여 잠자리의 몸통 등에 사용한다.

투톤 그리기
붓 전체에 물감을 묻힌 후 붓끝의 1/3 정도를 다른 물감을 묻혀 그린다.
직선 그리기, 곡선 그리기 등 다른 기법에 응용이 가능하며 단색보다 더 화려하다.
한 번에 두 가지의 색이 나타나며 꽃잎이나 물방울 등에 많이 사용된다.

무브먼트와 여러 가지 활용
눈에 보이지 않은 형태를 표현하며, 이를 더 재미있게 그린다.
바람, 한숨, 에너지 등 눈에 보이지 않지만 표현하기 위해서 여러 가지 모양과 기법이 응용된다. 무브먼트를 활용함으로써 그림의 재미를 더한다.

페이스페인팅 혼색과 색상

- **1차색** : 어떤 색을 혼합해도 만들 수 없는 가장 기본이 되는 색으로 삼원색을 말한다.
  ex) red, yellow, blue
- **2차색** : 서로 다른 1차색을 혼합하면 얻을 수 있는 색
  ex) orange, green, violet
- **3차색** : 1차색과 2차색을 혼합하여 얻을 수 있는 색
  ex) red-orange, yellow-orange, yellow-green, blue-green, blue-violet, red-violet
- **보색** : 하나의 1차색과 나머지 1차색과 2차색을 혼합한 색은 서로 반대되는 성질을 가진다.
  ex) red의 보색은 yellow+blue = green이다.

TIP
이렇게 어떤 물체의 색을 만들기 위해 안료를 혼합하는 것을 감법혼색이라고 한다.

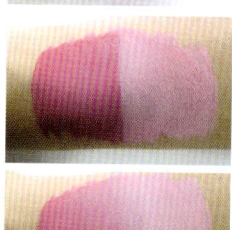

▶ 그라데이션 기법

그라데이션은 서로 다른 두 가지 이상의 색상이 뚜렷한 경계없이 자연스럽게 혼합이 되어 다른 색상으로 변화를 주는 기법이다. 수성물감의 경우 마르는 시간이 빠르기 때문에 물감에 수분이 남아 있을 때 진행시키는 것이 좋다. 그라데이션을 하는 도구는 특별히 정해져 있는 것은 아니지만 넓은 면에서의 그라데이션을 표현할 때는 스펀지를 주로 사용한다.

스펀지를 사용할 경우

서로 다른 두 가지 색을 약간 겹치듯이 칠한 후 한쪽의 색상에서 시작해서 나머지색 쪽으로 스펀지를 두드려간다. 먼저 묻은 색상이 다른 쪽의 색상에 겹쳐 칠해지면서 자연스럽게 그라데이션 될 것이다. 이때 주의할 점은 스펀지를 서로 다른 두 가지 색상에 이리저리 대지 말고 꼭 한쪽에서 다른 쪽 방향으로 진행해야 한다.

붓을 사용할 경우

좁은 면은 둥근붓을 이용해도 무방하지만 스펀지를 사용하기에 조금 좁은 듯한 공간이라면 평붓(납작붓)을 이용하는 것이 훨씬 편한 방법이 될 것이다. 두 가지 색상을 겹치듯이 칠한 후에 경계 부분과 수평이 되는 방향으로 붓을 움직이되 차근차근 다른 색상 방향으로 한다. 붓으로 하는 그라데이션에서 주의해야 할 점은 일단 붓을 그림에서 떼고 나면 붓을 잘 닦아야 한다는 것이다. 붓을 닦지 않으면 붓에 묻어 있던 물감이 원치 않는 부분에 묻게 될 것이다.

▶ 색의 속성

컬러(color)는 인간의 환경에 많은 영향을 미치는 감각적인 요인으로서 우리의 정서 상태를 즉각적으로 변화시키는 힘을 지니고 있다. 컬러는 마치 눈으로 보는 것처럼 감정을 풍부하게 하며 다양한 시각적 경험으로 인도한다. 컬러는 과학적인 접근보다는 감성적인 이해가 더욱 중요하지만 효율적인 사용을 위해서는 색의 기초 지식과 색상이 가지는 이미지, 심리적인 영향과 조화에 대한 지식이 필요하다. 이를 통해 감성적인 이해의 폭을 더욱 넓힐 수 있게 되는 것이다.

색상(Hue) 빛의 파장 자체를 나타내는 것
물체의 표면에서 선택적으로 반사되는 색 파장의 종류에 의해 결정되며 빨강, 주황, 노랑, 초록, 파랑, 보라 등으로 구분한다.

명도(Value) 밝고 어두운 정도를 나타내는 것
빛이 반사하는 양에 따라 색의 밝고 어두운 정도를 느끼는 것을 명도라고 한다. 같은 명도의 색이라도 주어진 광원(lightness)의 밝고 어두운 정도에 따라 다르게 느껴지기도 하며 실제로 최고 채도의 순색은 각기 다른 명도를 가지고 있다. 또한 무채색 뿐만 아니라 순색도 명도단계를 가지고 있다.

채도(Chroma) 색파장의 순수한 정도를 나타내는 것
색 파장이 얼마나 강하고 약한가를 느끼는 것이 채도이다. 색의 순수하고 탁하거나 흐린 정도의 차이를 말하며 탁하거나 흐릴수록 채도가 낮다고 하며 채도는 순도(saturation) 또는 강도(intensity)라고 표현하기도 한다.

● **색상의 가지는 이미지**
- Red : 화려한, 상쾌한
- Orange : 따뜻한, 사랑스러운
- Yellow : 밝은, 경쾌한
- Blue : 젊음, 남성적
- Green : 자연적, 신선함

TIP
노랑
신진대사를 촉진하는 색
빨강
기분을 고조시켜 흥분하게 만드는 색
파랑
근육을 이완시켜 느긋하게 만드는 색
초록
언밸런스한 마음을 원상태로 돌려주는 색

● **배색에 따른 이미지 변화**
- 엘레강스
- 스포티
- 클래식
- 모던
- 캐주얼
- 로맨틱
- 다이내믹

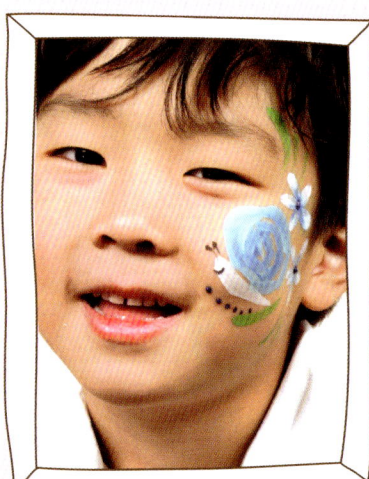

페이스페인팅 PART 1

칙 아트

>> 01

꽃

✱ 따라해 보세요

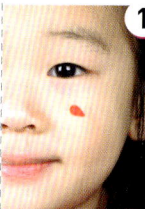
1 빨간색 물감을 이용하여 꽃잎을 그린다. 이때 붓을 눌렀다 떼어 꽃잎의 모양을 한번에 완성하도록 한다.

2 ①과 같은 방법으로 5~6장의 꽃잎을 더 그려준다.

3 녹색 물감으로 줄기를 표현해 준다. 줄기는 붓을 떼지 않고 한번에 그려 자연스러운 느낌을 살려준다.

4 꽃잎 가운데 빈 공간에 붓의 뒷부분을 이용해서 점을 찍어준다.

✱ Tip
빈 공간은 점이나 별을 그려주면 더 화려해진다.

flower | Flower

>> 02
나비

butterfly

Butterfly

✱ 따라해 보세요

흰색 물감으로 초승달 모양을 그린다.

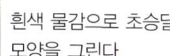
그라데이션 효과를 나타내기 위해 붓을 씻지 않고 피치색을 묻혀 ①의 위에 그린다. 피치색 대신 빨간 물감과 흰색 물감을 혼색하여 사용해도 된다.

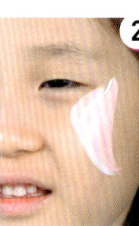
②의 붓에 핑크색을 묻혀 그린다.

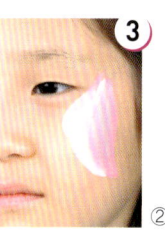
검정색을 이용하여 바깥 라인을 그려서 마무리한다.

같은 색으로 나비의 날개무늬와 몸통, 더듬이를 그려준다.

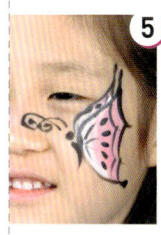
어울리는 색으로 꽃을 그린다.

>> 03 돌고래

✱ 따라해 보세요

1. 파란색 물감으로 돌고래의 등과 입, 물결을 한번에 그린다.

2. 돌고래의 지느러미를 그리고 흰색 물감으로 돌고래의 배 부분을 그려준다.

3. 해와 갈매기, 눈을 그리고 마무리한다

✱ Tip

❶번에서 지느러미도 같이 그려주면 그리는 시간을 단축할 수 있다. 돌고래는 입이 나와야 하며 몸통은 통통하게 그려야 예쁘다.

Dolpin

페이스페인팅 | **칙아트**

>> 04

잠자리

Dragonfly Dragonfly

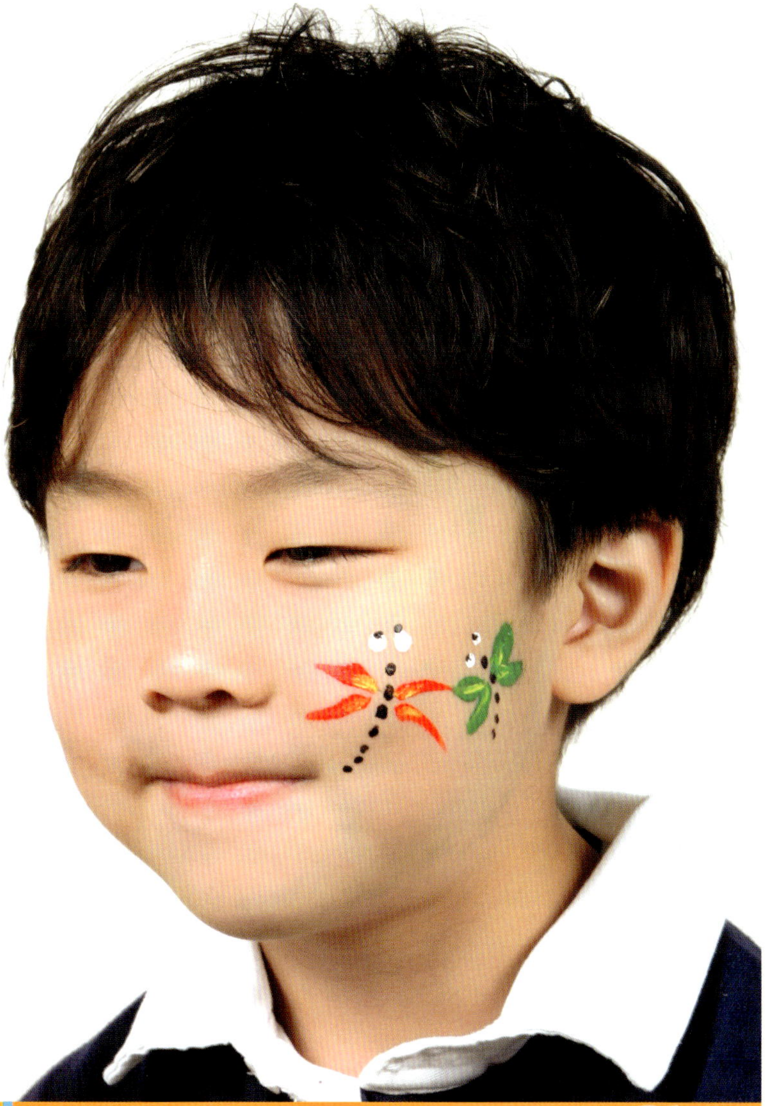

* 따라해 보세요

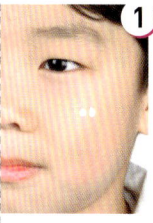

1 흰색 물감을 붓 뒷부분에 묻혀 두 번 찍어 눈을 그린다. 눈을 먼저 그려주어야 다른 부분을 그리는 사이에 물감이 말라서 번지지 않고 눈동자를 덧칠할 수 있다.

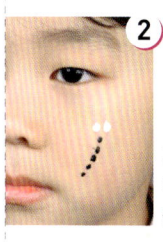

2 검정색 물감을 붓 뒷부분에 찍어 점선으로 내려 몸통과 꼬리를 그려준다.

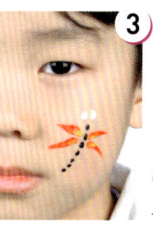

3 어울리는 색을 이용하여 날개를 그린다.

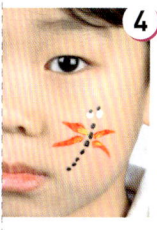

4 눈 안에 붓 뒷부분으로 검은 점을 찍어 눈동자를 완성한다.

* Tip

스프링 기법을 사용하여 날아가는 것을 표현하면 더 재미있다. 투톤 기법을 사용하여 날개를 그리면 쉽게 표현할 수 있다.

>> 05

별똥별

Meteor

Meteor

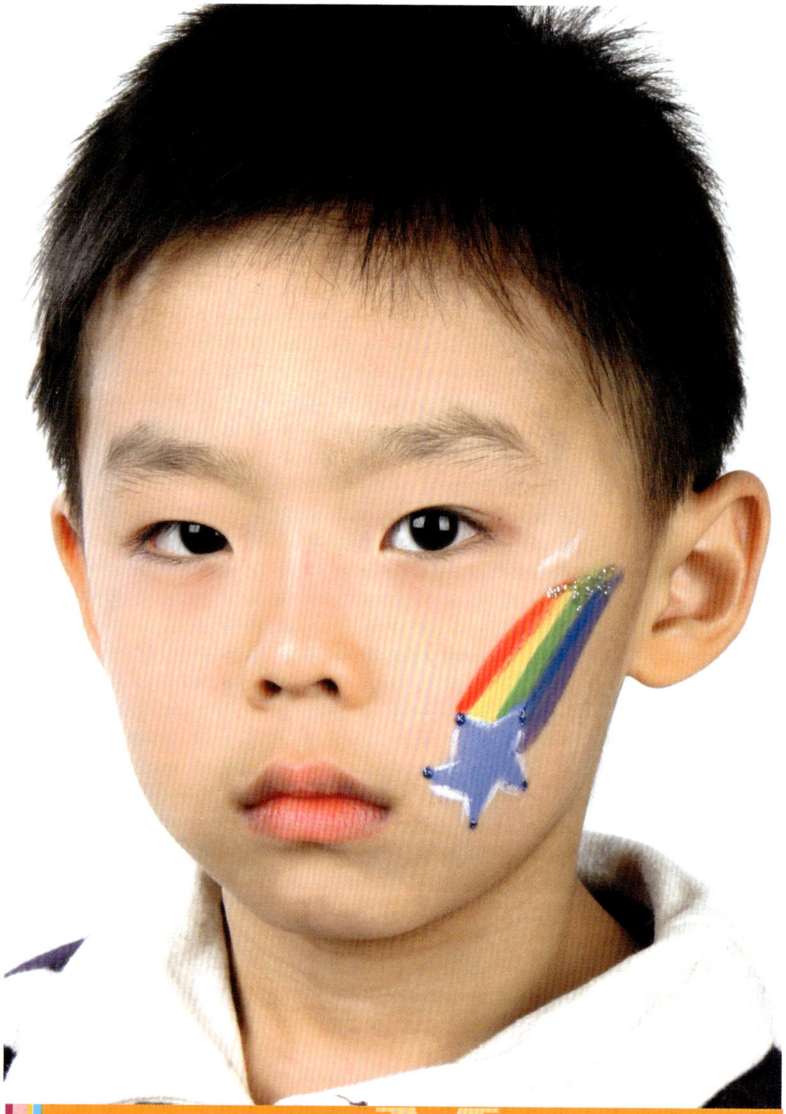

✱ 따라해 보세요

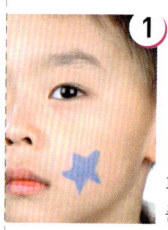

1 파란색을 이용하여 별을 그려준다.

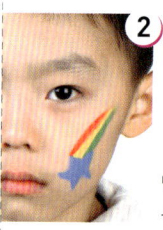

2 빨간색, 노란색, 초록색으로 무지개를 그린다.

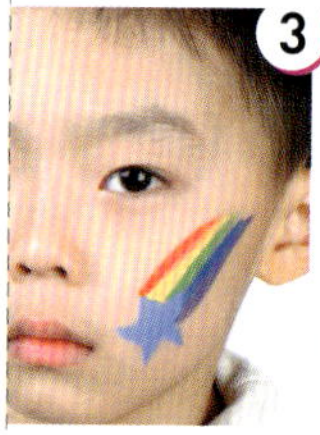

3 파란색, 보라색으로 무지개를 완성한다.

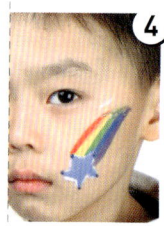

4 글리터젤과 물감으로 별을 꾸며 마무리한다.

✱ Tip

무지개는 아래에서 위로 그려야 생동감 있게 보인다.

>> 06
백조

✱ 따라해 보세요

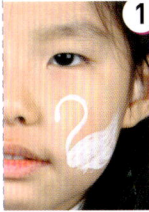

1 흰색 물감으로 목과 몸통을 그린다. 목 부분은 가늘고 길게 그려야 백조의 우아한 라인을 살릴 수 있다. 아래서 위로 붓을 놀려 몸통과 날개를 그린다.

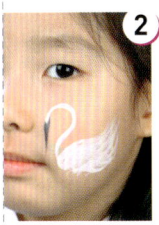

2 검정색으로 부리를 그려준다.

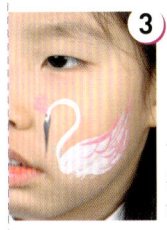

3 핑크색으로 깃털과 왕관을 표현한다.

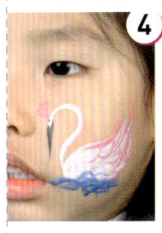

4 물 위에 떠 있는 듯한 효과를 위해 파란색 물감으로 수면을 그린다.

5 꽃과 수초를 그리고 글리터젤을 발라 마무리한다.

✱ Tip
반대편에도 백조 한 마리를 더 그리면 환상적인 백조 한 쌍이 된다.

Swan

>> 07

축구공

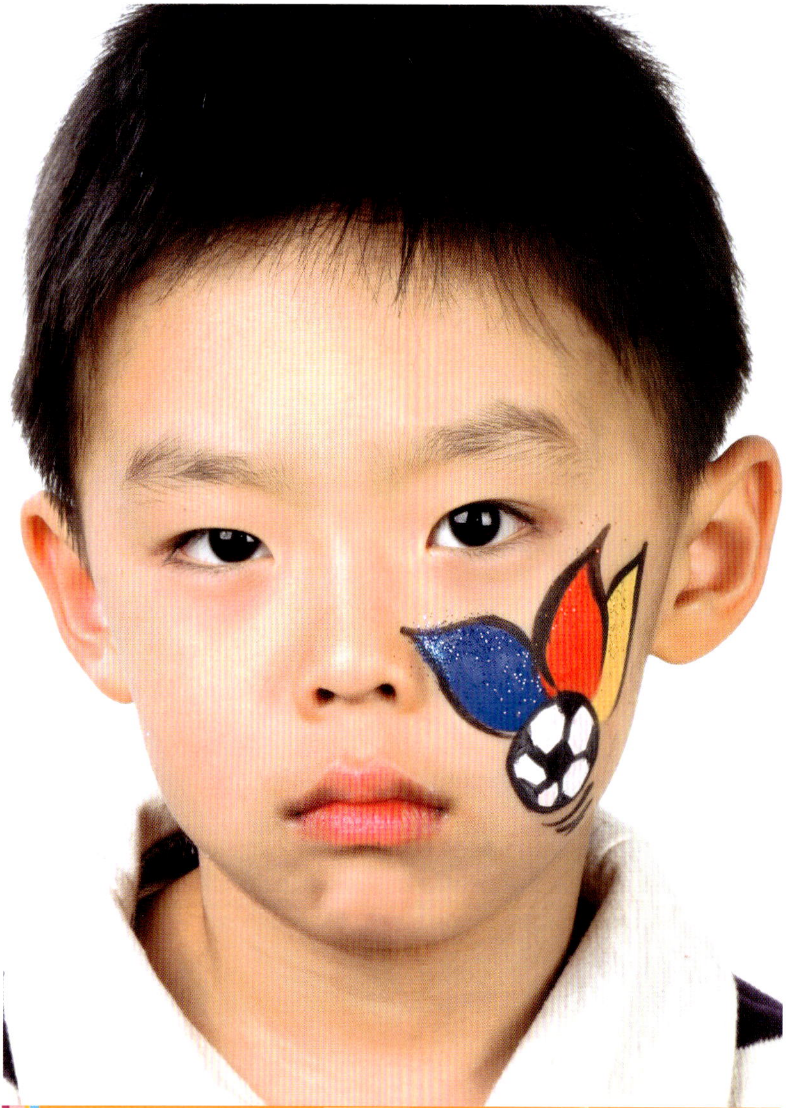

Football

Football

* 따라해 보세요

1 흰색으로 원을 그린다.

2 빨간색 물감으로 불꽃 모양을 그려 공이 날아가는 듯한 효과를 준다.

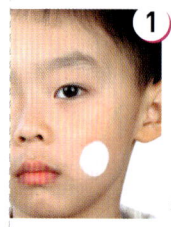

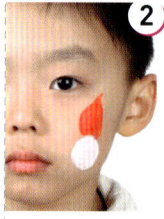

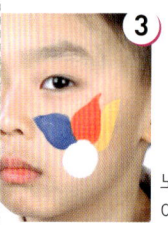

3 노란색과 파란색 물감을 이용하여 같은 효과를 준다.

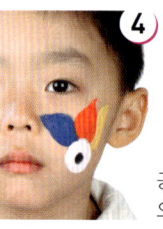

4 공 가운데 검은색의 작은 오각형을 그려준다.

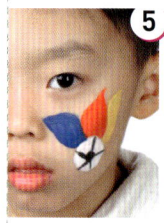

5 오각형을 중심에 두고 방사형으로 검은색 라인을 그린다.

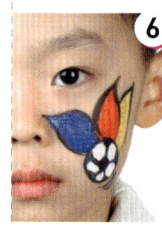

6 라인의 끝부분에 삼각형을 그려 축구공의 무늬를 완성한 후 외곽선을 그리고 반짝이 등을 이용해 마무리한다.

>> 08

해바라기

Sunflower Sunflower

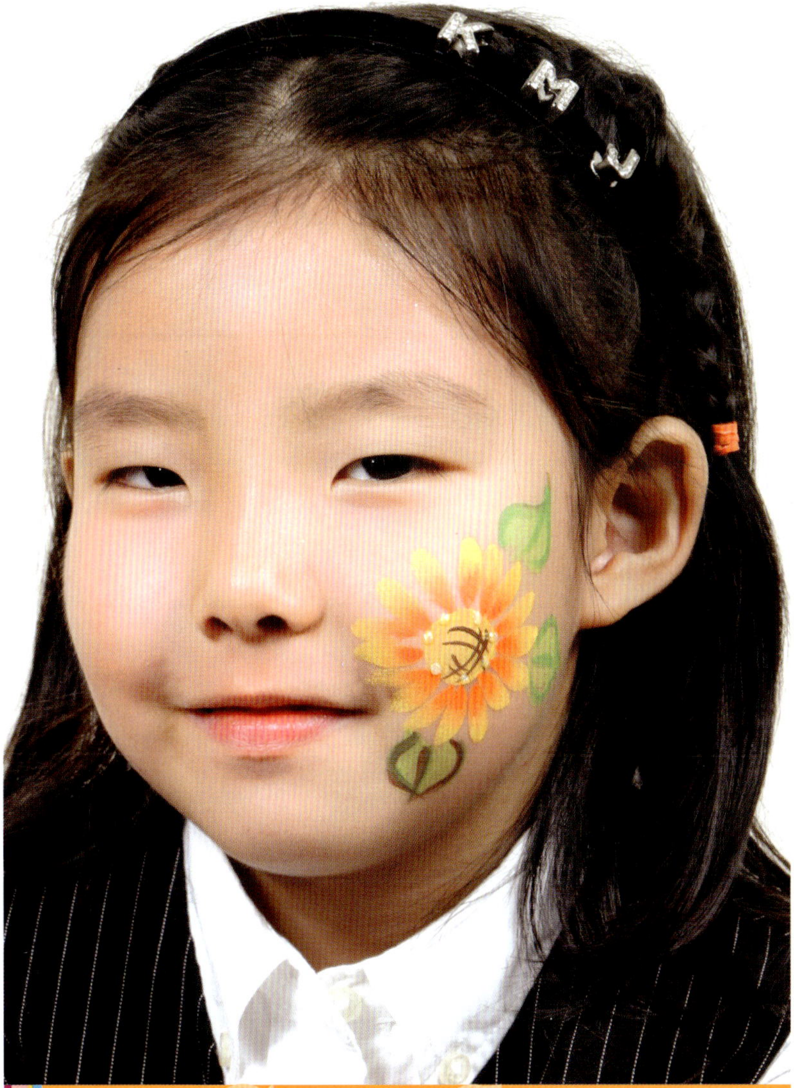

＊ 따라해 보세요

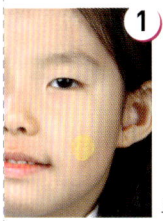

1 노란색 물감으로 원을 그린다.

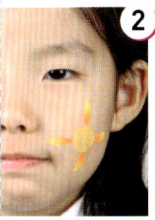

2 붓은 씻지 않고 주황색 물감을 붓의 끝부분에 묻혀 꽃잎을 그려준다.

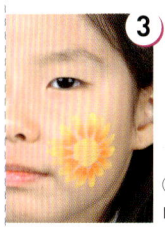

3 ②와 같은 방법으로 꽃잎을 마저 그린다.

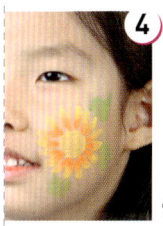

4 연두색으로 잎을 그린다.

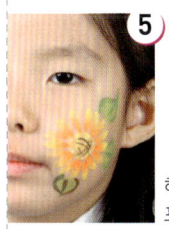

5 해바라기 씨는 갈색 물감으로 표현해 준다.

＊ Tip

해바라기의 크기를 조절하여 파티페인팅에 사용할 수 있으며 가을에 주로 사용된다.

>>09

고양이

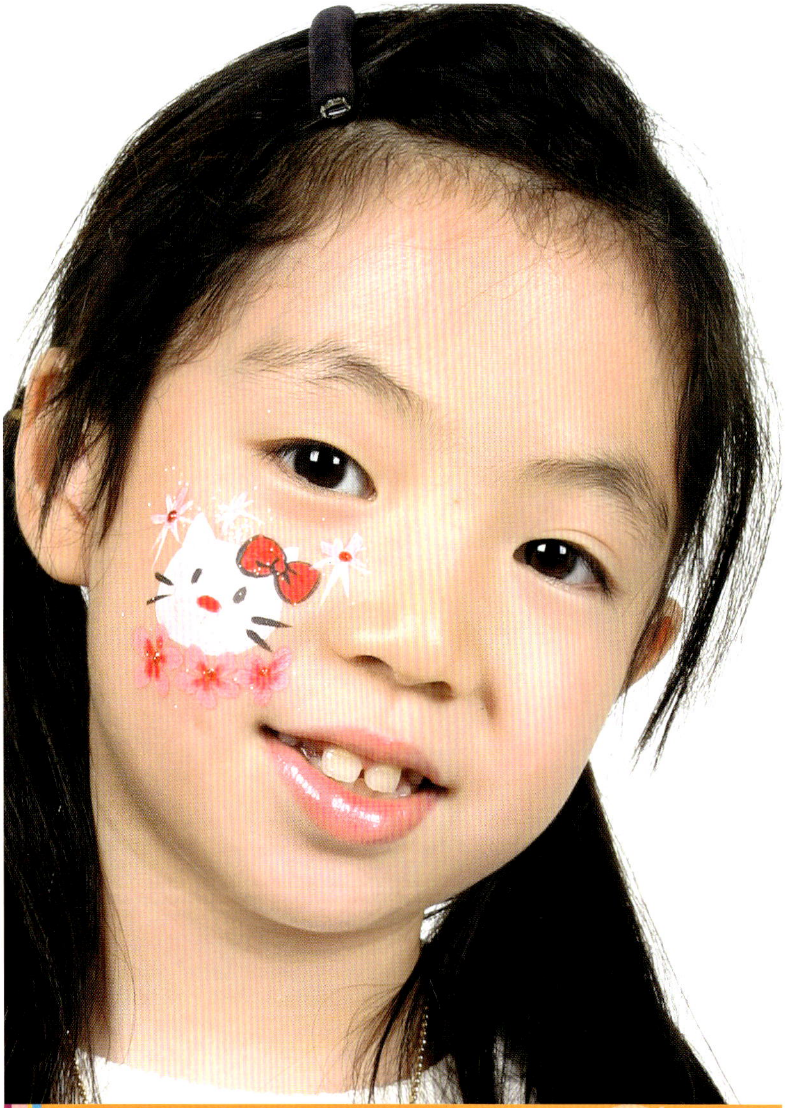

Cat

Cat

✱ 따라해 보세요

1

흰색 물감으로 타원형을 그려 준다.

2

빨간색 물감으로 리본과 코를 그린다.

3

검정색 물감으로 눈과 수염을 그린다.

4

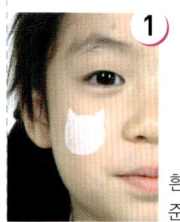

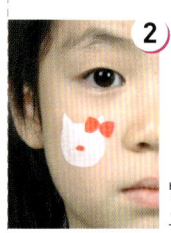

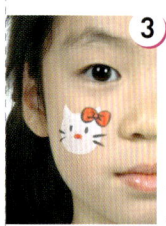

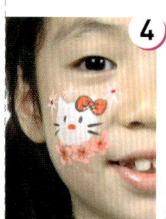

키티 주변에 꽃과 별을 그려 완성한다.

✱ Tip

키티의 특징을 살려 그리고 마무리할 때 반짝이를 너무 많이 사용하면 그림이 지저분하게 보이므로 주의한다.

>> 10

토끼

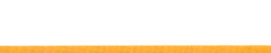

Rabbit

Rabbit

* 따라해 보세요

1 흰색 물감으로 타원형을 그리고 그 위에 토끼의 귀를 그린다.

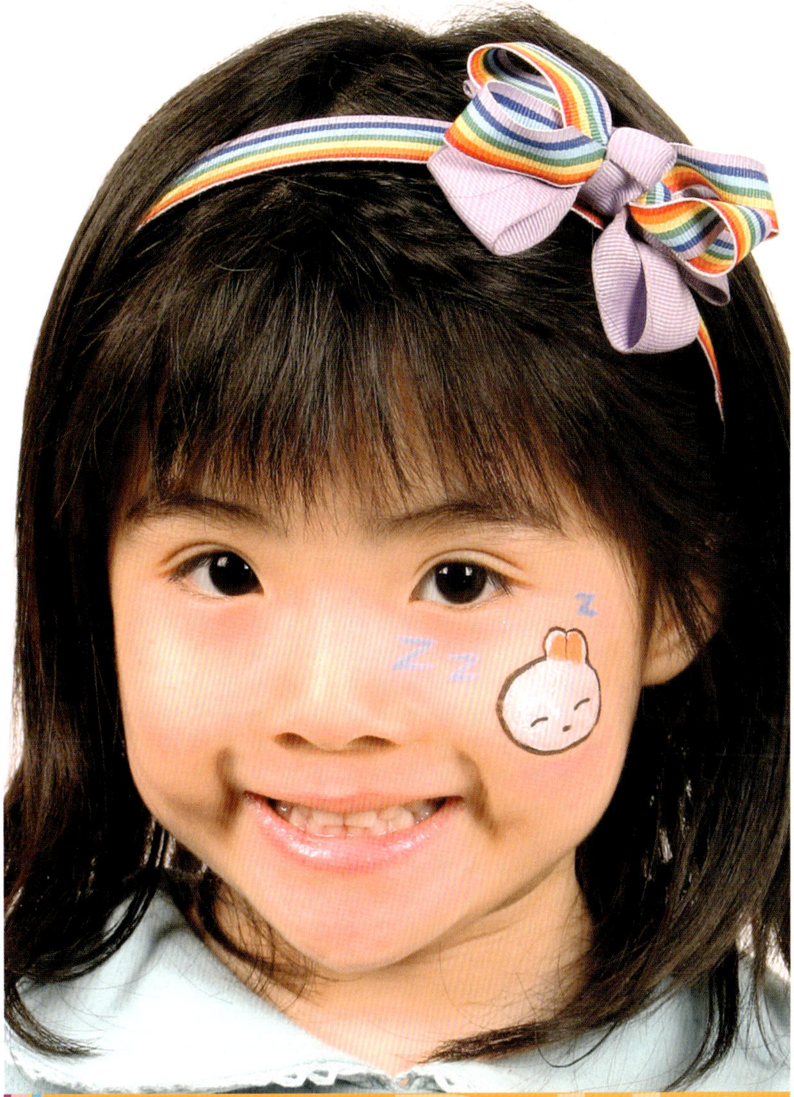

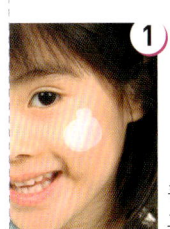

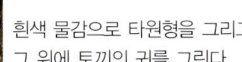

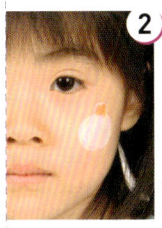

2 오렌지색으로 토끼귀 안쪽을 채워준다.

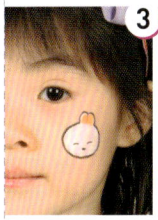

3 검정색으로 얼굴을 그리고 테두리를 그린다.

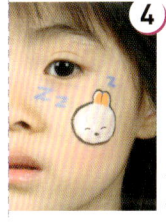

4 토끼 주변에 졸음 표시(Z)를 그려서 재미를 더한다.

*** Tip**

눈이 처진 토끼의 특징을 살려 그리면 더 효과적이다.

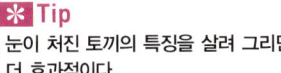

>> 11 달팽이

✱ 따라해 보세요

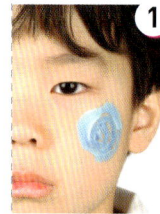

1. 파란색 물감으로 회오리 모양을 그려 달팽이의 집을 그려준다.

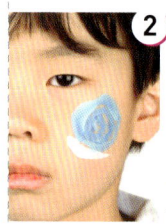

2. 흰색 반원을 그려 달팽이 몸을 그린다.

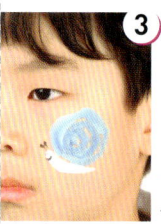

3. 검정색으로 입과 눈을 그려준다.

4. 꽃과 잎 등을 그려 꾸며서 완성한다.

✱ Tip
달팽이집을 둥글게 그린 다음 검정색 라인으로 그려줘도 된다.

Snail

>> 12 선물

Present

✱ 따라해 보세요

① 분홍색으로 사각형을 그린다.

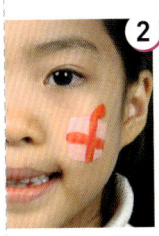

② 사각형 위에 빨간색으로 리본을 그린다.

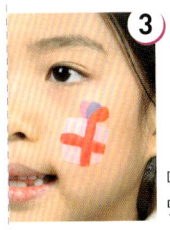

③ 다른 색상으로 리본을 덧붙여 준다.

④ 검정색으로 테두리를 그리고 별을 그려 완성한다.

✱ Tip
리본모양은 음영을 주어 입체적으로 그리면 더 보기좋다.

>> 13 로켓

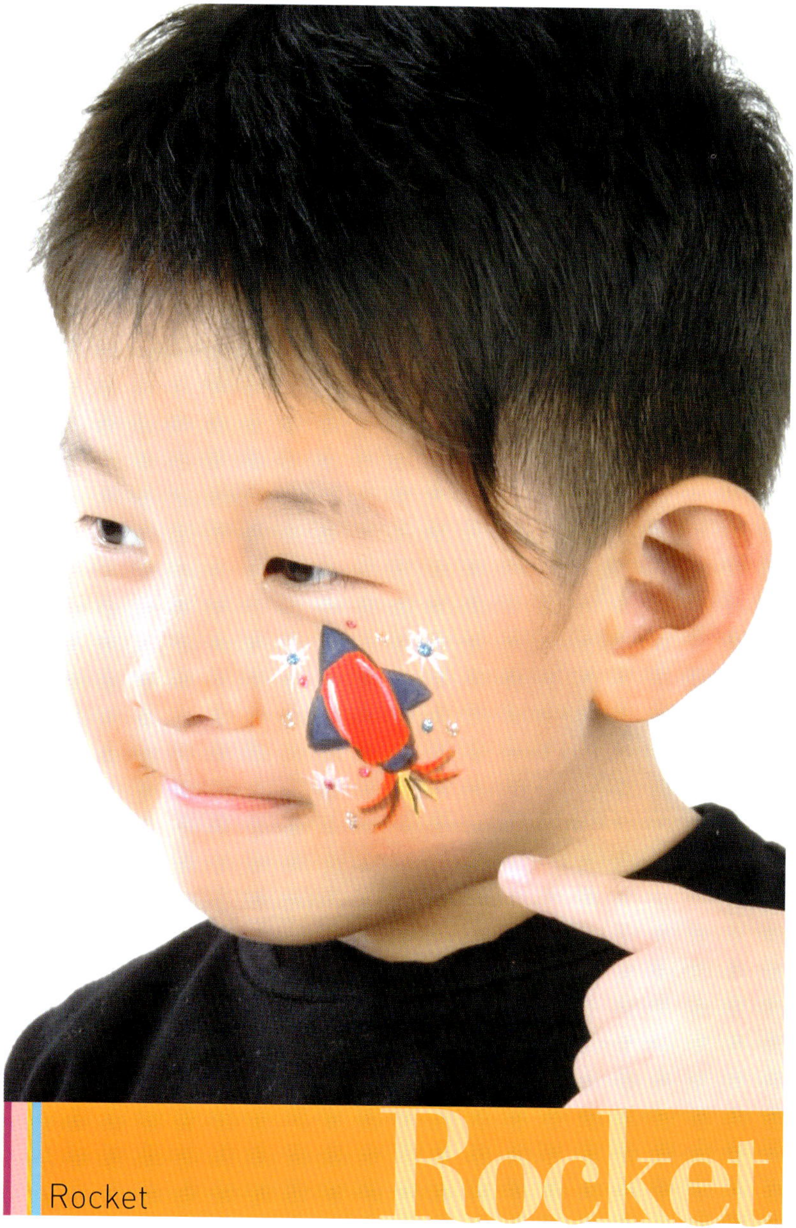

✱ 따라해 보세요

빨간색으로 로켓 몸 부분과 아래 불꽃 모양을 함께 그려준다.

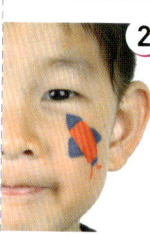

파란색으로 머리 부분과 날개를 그린다.

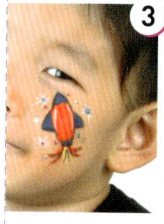

노란색으로 아랫부분에 불꽃을 그려주고, 하얀색으로 별을 그린 후 반짝이를 발라 마무리 한다.

✱ Tip
주변에 별이나 행성 등을 그려 우주를 표현할 수 있다.

Rocket

>> 14
꼬마자동차

Car

✱ 따라해 보세요

1 파란색 물감으로 자동차 모양을 그려준다.

2 하늘색으로 창문을 그리고, 노란색으로 바퀴를 그려준 다음 흰색으로 배기가스를 표현한다.

3 갈색 계열 물감으로 길을 칠하고 반짝이를 발라 마무리 한다.

✱ Tip
여행가는 기분이 들게 나무나 구름 등을 그려주면 더 활기차 보인다.

>> 15

펭귄

Penguin

✱ 따라해 보세요

1

흰색으로 펭귄의 얼굴과 몸통을 그린다.

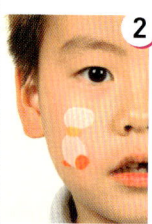
2

노란색으로 동그라미 사이에 입을 그리고 아랫부분에 오렌지색으로 발을 그린다.

3

파란색으로 몸통과 팔을 그린다.

4

테두리를 그리고 음표 등을 그려 신나는 모습을 표현한다.

✱ Tip
눈 오는 모양이나 눈 던지는 모습을 더하면 재미있다.

페이스페인팅 | 칙아트

>> 16
전갈

✳ 따라해 보세요

1) 검은색 물감으로 전갈의 몸통을 그려준다.

2) 전갈의 앞 다리를 그린다.

3) 나머지 다리를 그리고 반짝이를 발라 완성한다.

✳ Tip
전갈 다리는 마디가 꺾이는 부분을 잘 그려야 어색하지 않다.

Scorpion

>> 17

앵두

✱ 따라해 보세요

빨간 물감으로 동그라미를 그린다.

녹색으로 줄기와 잎을 그린다.

다크그린으로 잎사귀의 모양을 세밀하게 그린다.

흰색으로 하이라이트를 주어 마무리한다.

✱ Tip
열매를 그릴 때 하이라이트 부분을 비워두면 자연스럽고 시간을 아낄 수 있다.

Cherry

>> 18

도마뱀

Lizard

✱ 따라해 보세요

① 파란색으로 도마뱀의 몸통을 그린다.

② 노란색으로 눈과 무늬를 그린다.

③ 검정색으로 라인을 그리고 혓바닥과 풀을 그려 마무리한다.

✱ Tip
도마뱀에 잡혀먹는 곤충을 그려 재미를 더해준다.

>> 19

개구리

Frog

Frog

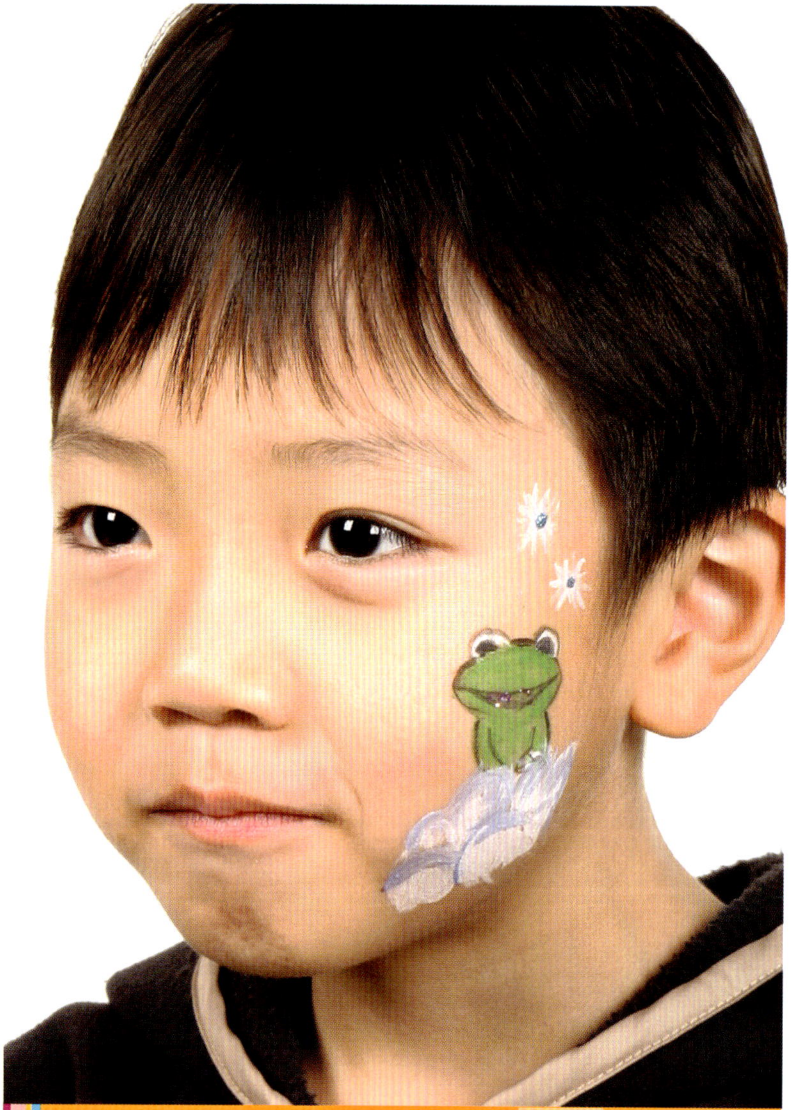

✱ 따라해 보세요

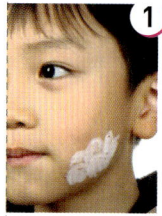

1

볼 아래 부분에 흰색 물감으로 구름을 그린다.

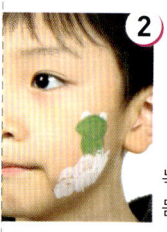

2

녹색 물감으로 개구리의 몸통을 그린다.

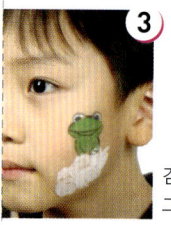

3

검정 물감으로 라인을 그리고 눈동자를 그린다.

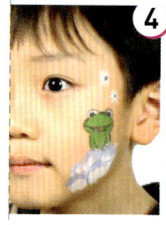

4

하늘색 물감을 이용해서 구름을 표현하고 글리터젤을 이용해서 마무리한다.

✱ Tip

햇님이나 달님을 같이 그리면 재미있다.

>> 20
날개 하트

※ 따라해 보세요

빨간색으로 하트 크기를 다르게 그린다.

흰색 물감으로 날개를 그려준다.

하이라이트를 그리고 반짝이 모양을 그린다.

검정색으로 라인을 그리고 글리터젤로 마무리한다.

※ Tip
하트 위쪽으로 날개를 모아 그리면 더 자연스럽다.

Winged heart
Wingedheart

칙아트 작품 갤러리

페이스페인팅 | **칙아트**

페이스페인팅 PART 2

동물분장

>> 01

❋ 따라해 보세요

1. 스폰지를 이용해 얼굴에 흰색으로 바탕색을 칠해준다.

2. 스폰지에 분홍색 물감을 묻혀 눈썹과 양 볼에 펴 바른다.

3. 검정색으로 눈가 라인을 그리고 입가에 수염을 그려준다.

4. 핑크색으로 코를 그린 다음 검은색으로 이빨을 그려서 마무리한다.

❋ Tip
당근이나 클로버 등을 이빨과 같이 그려주면 재미를 더 한다.

토끼
Rabbit

>> 02

✱ 따라해 보세요

1)
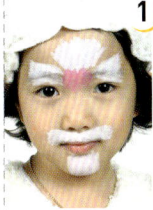
흰색 물감으로 머리와 입 주위를 칠하고 분홍색으로 리본을 그린다.

2)

검은색으로 강아지 털과 코, 수염을 그려준다.

3)

글리터젤이나 반짝이 가루를 이용해서 마무리한다.

✱ Tip
수염 부분을 너무 강하게 그리면 귀여운 느낌이 떨어지므로 주의한다.

마르티스

Maltese

>> 03

✽ 따라해 보세요

1 얼굴에 들어갈 색상을 미리 정하고 거기에 맞춰서 스펀지로 색상을 펴 바른다.

2 고동색을 만들어서 이마 가운데를 칠하고 검정 물감으로 다람쥐의 무늬를 그린다.

3 검정색으로 눈썹을 두껍게 그리고 외곽선을 그려서 마무리한다.

✽ Tip
다람쥐의 주색상이 어둡기 때문에 밝은색을 같이 써야 활기찬 느낌을 줄 수 있다.

다람쥐
Squirrel

>> 04

❋ 따라해 보세요

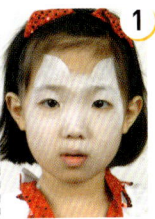

흰색을 이용해 얼굴에
기본 베이스를 칠해준다.

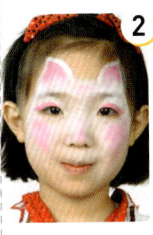

분홍색으로 볼과 눈,
입 주변을 그려주고 이마에
귀를 그린다.

검은색을 이용하여 코와 입을
그리고 포인트가 되는 부분에
라인을 그린다.

꽃문양 등을 그리고 주변
정리를 해서 마무리한다.

❋ Tip
고양이의 코는 너무 크지 않게 그린다.

Cat

>> 05

✱ 따라해 보세요

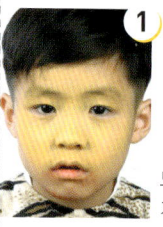
1. 노란색 물감으로 얼굴에 기본 바탕을 바른다.

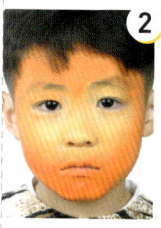
2. 눈과 코 주변을 제외하고 주황색으로 칠한다.

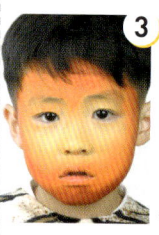
3. 진한 갈색으로 턱 밑을 칠해 준다.

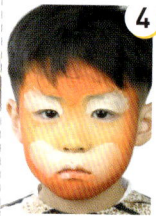
4. 입 주변과 눈 주변에 흰색을 발라준다.

5. 검은색으로 눈매를 강조하고 코와 수염을 그린다.

6. 얼굴에 검은색으로 줄무늬를 그려준다.

호랑이
Tiger

페이스페인팅 : **동물분장**

>> 06

✱ 따라해 보세요

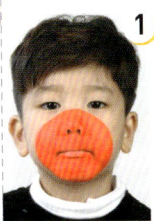
1) 빨간색 물감으로 입과 코 주변을 동그랗게 그려준다.

2) 검은색으로 더듬이와 라인을 그린다.

3) 노란색으로 몸통과 머리 부분을 연결하고 검은색으로 다리를 그리고 마무리한다.

✱ Tip
날개를 벌려 날아가는 모양의 무당벌레를 그리면 재미를 더한다.

무당벌레
Ladybug

>> 07

✱ 따라해 보세요

① 하얀색으로 기본 베이스를 칠한다.

② 검은색으로 눈, 코, 입을 그려 준다.

팬더
Panda

페이스페인팅 | **동물분장**

>> 08

✱ 따라해 보세요

1
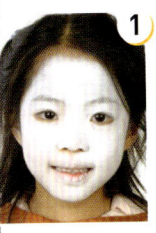
얼굴에 흰색을 이용하여 스폰지로 베이스를 칠해준다.

2

갈색으로 얼룩무늬를 그려 넣는다.

3

검은색으로 눈썹을 그리고, 코끝과 수염을 그려준다.

4

혀를 그리고 라인을 정리하여 마무리한다.

✱ Tip
코를 둥글게 그려 귀여움을 강조한다.

강아지
Little puppy

>> 09

* 따라해 보세요

1. 노란색으로 얼굴 바탕을 칠한다.
2. 뺨과 턱 주변을 주황색으로 칠한다.
3. 눈과 입 주변에 흰색 물감을 칠한다.
4. 눈과 코, 수염을 그리고 얼굴 주변에 갈색으로 털을 표현해 준다.

* Tip
사자의 특징을 살려 입 주변을 표현해 준다.

Lion 사자

>> 10

✱ 따라해 보세요

흰색으로 베이스를 칠한다.

검은색으로 라인을 잡아주고 얼굴 외곽을 칠한 후 위 입술 모양을 그린다.

눈과 코, 아래 입술 라인을 그리고 웃는 입 안으로 빨간 물감을 이용하여 혓바닥을 그려준다.

✱ Tip
검은색 라인을 그릴 때 잘못하면 원숭이가 되므로 주의한다.

Mouse

 >> 11

* **따라해 보세요**

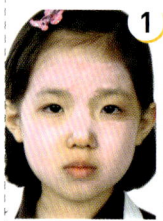
1) 얼굴에 핑크색으로 바탕을 칠한다.

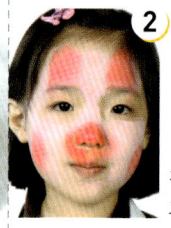
2) 진한 핑크색으로 귀와 코, 볼을 그려준다.

3) 빨간색으로 코를 그려주고 볼을 그린 다음 라인을 정리하고 반짝이를 발라 완성한다.

돼지
Pig

페이스페인팅 | **동물분장**

 >> 12

✱ 따라해 보세요

1)
녹색 물감으로 이마 쪽에 문어의 머리를 그리고 자연스럽게 아래쪽으로 다리가 연결되게 그려준다.

2)
흰색 물감으로 눈과 다리의 빨판을 그린다.

3)
검정 물감으로 눈동자와 입을 그리고 같은 색으로 다리와 몸통 부분에 자연스러운 라인을 그린다.

✱ Tip
손이나 발에도 문어를 표현할 수 있고 먹물이 뿜어져 나오는 그림이나 다리에 잡힌 물고기 그림 등 재미있게 표현할 수 있다.

문어

Octopus

>> 13

따라해 보세요

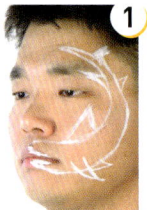

1. 얼굴의 한쪽 면에 흰색으로 상어의 밑그림을 그린다. 상어의 입을 모델의 입과 맞춰서 그린다.

2. 상어의 배부분을 흰색으로 칠한다.

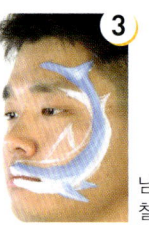

3. 남은 등부분을 하늘색으로 칠한다.

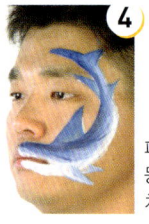

4. 파란 물감을 덧칠해서 등부분을 그리고 그라데이션 처리해서 음영을 만들어 준다.

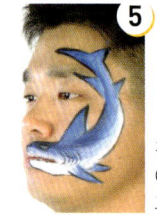

5. 검은색 물감으로 눈과 아가미를 그린 후 외곽선을 그려 완성한다.

Tip

다른 쪽 뺨이나 입가에 작은 물고기를 그려주면 상어가 먹이를 쫓는 듯한 그림을 만들 수 있다. 수초, 물방울을 그려 바닷속을 연출할 수 있다.

Shark

상어

동물분장 작품 갤러리

페이스페인팅 PART 3

키즈 파티

>> 01

✱ 따라해 보세요

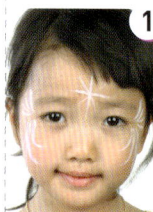

1 이마 가운데 흰색으로 별모양을 그리고 눈꼬리 부분에 흰색으로 라인을 그린다.

2 ① 위에 약간 비껴서 보라색으로 그림자를 그리듯이 한번 더 라인을 그려주어 고급스러움을 표현한다.

3 작은별을 비어있는 곳 여기저기에 그리고 글리터젤로 포인트를 주어 마무리한다.

✱ Tip

복장과 어울리는 색을 사용하면 효과적이며 주얼스톤과 글리터젤을 적절히 혼합하면 환상적인 분위기를 연출할 수 있다.

마법사

Wizard

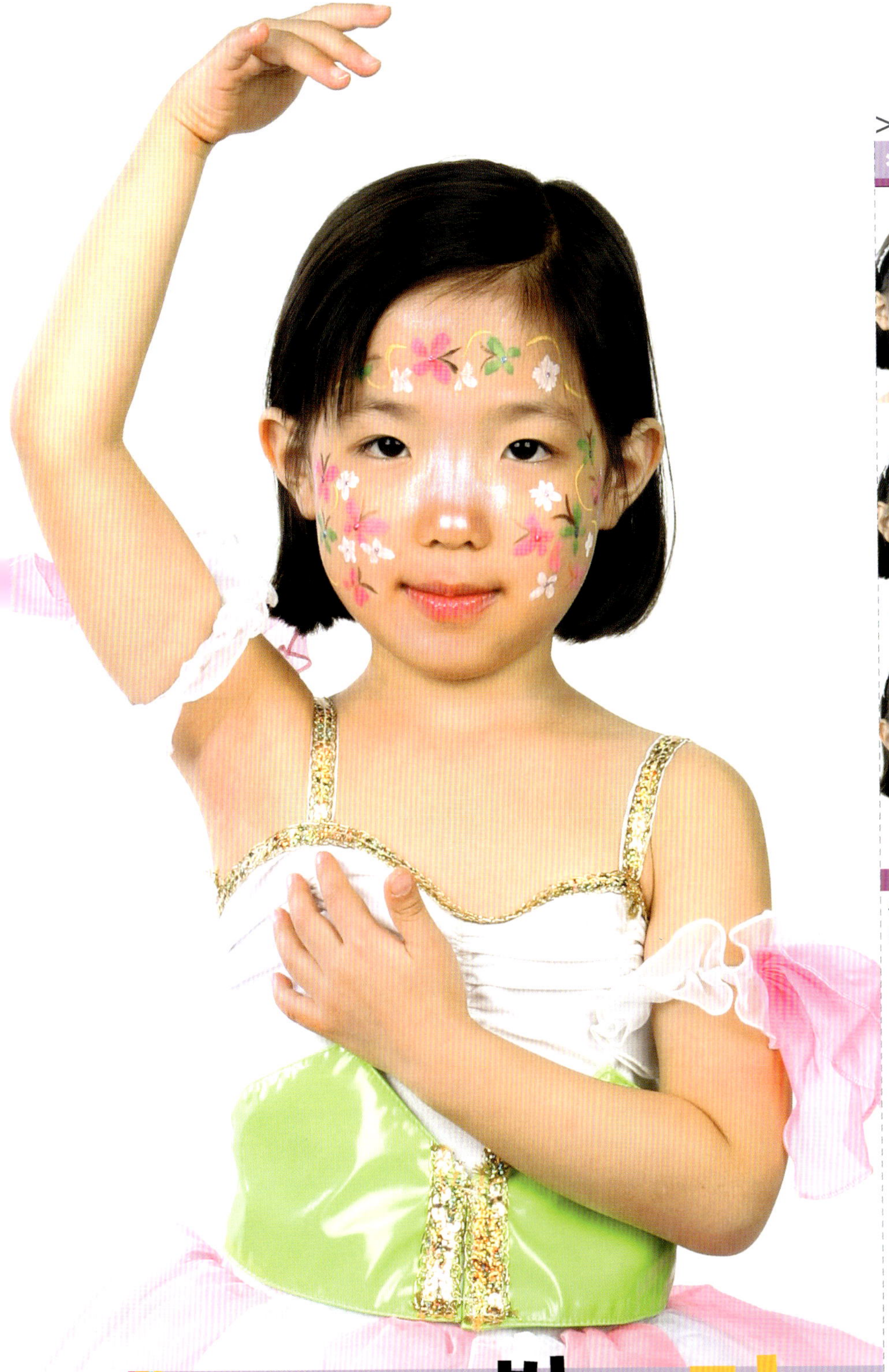

발레리나

Ballerina

>> 02

* 따라해 보세요

1

얼굴 중간중간 꽃과 나비를 그려준다.

2

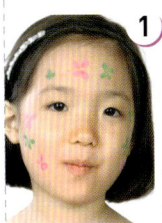

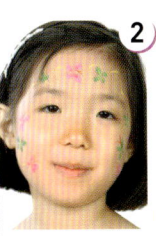

노란색 물감으로 라인을 그려 나비와 나비를 연결해 준다.

3

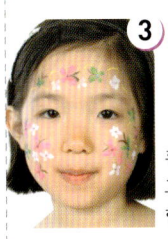

흰색 물감으로 꽃을 빈 공간에 그린 후 반짝이를 발라 마무리 한다.

*** Tip**

목 부분에 꽃과 나비 모양의 목걸이를 만들어주면 더욱 근사하다.

>> 03

✱ 따라해 보세요

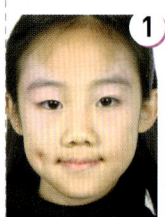

눈가에 연하게 핑크색 물감을 바른다.

펄 물감으로 라인을 그린다.

눈 사이의 중심에 검정 물감으로 거미를 그린다.

흰색 물감으로 거미의 다리 마디를 그리고 파란 물감으로 몸통을 살짝 덧칠해서 마무리 한다.

✱ Tip
일반 물감보다 펄 물감을 쓰는 게 환상적이다.

거미 마스크
Spider-mask

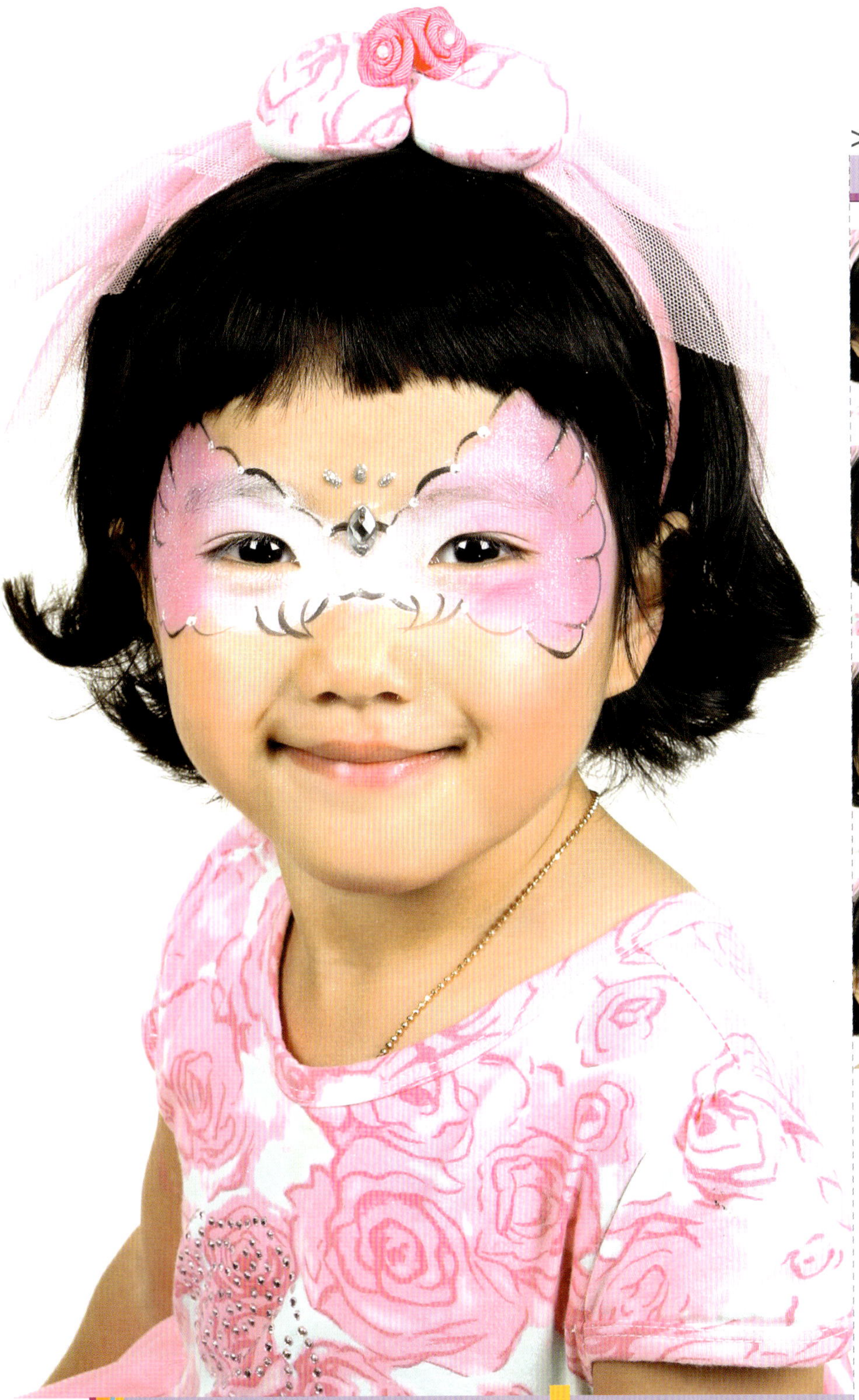

파티마스크

Party-mask

> > 04

✻ 따라해 보세요

1 맨 얼굴에 스타파우더를 바른다.

2 눈가에 흰색과 분홍색을 그라데이션해서 마스크 모양을 만든다.

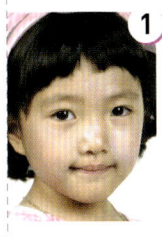

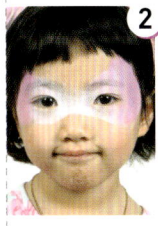

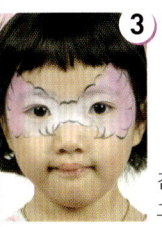

3 검정색으로 라인을 그린다.

4 글리터젤과 반짝이 가루를 이용해서 마무리한다.

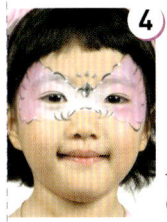

>> 05

✻ 따라해 보세요

눈 주위에 핑크색으로
나비 날개를 그려준다.

흰색으로 나비 라인을
그려주고 꽃을 그린다.

꽃을 그리고 나비를
꾸며 완성한다.

✻ Tip
나비의 날개가 대칭되게 그리기 위해서는
왼쪽을 먼저 그리고 오른쪽을 그린다.

나비 마스크
Butterfly-mask

>> 06

✱ 따라해 보세요

1) 눈가에 노란색을 펴 바른다.

2) 녹색을 노란색에 그라데이션 처리한다.

3) 녹색 옆으로 보라색을 바르고 그라데이션 처리한다.

4) 눈을 중심으로 해서 검정색 라인을 그리고 나뭇잎이 겹친 모양을 만든다.

5) 그린 가운데 부분에 스피릿검을 이용하여 보석을 붙이고 마무리한다.

✱ Tip
가면은 펄 물감(액체타입)을 사용하면 사이버틱하다.

숲속의 왕자
Prince

>> 07

✱ 따라해 보세요

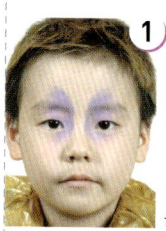

1. 콧날 쪽으로 보라색을 바른다.

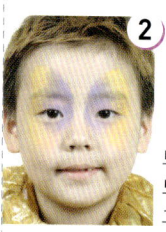

2. 보라색에 약간 겹치도록 노란 물감을 발라 그라데이션 처리한다.

3. 같은 방법으로 녹색 물감을 노란색과 그라데이션 처리한다.

4. 검정색으로 간격을 맞춰서 코를 기준으로 안쪽에서 바깥쪽으로 선을 그린다.

5. 그림의 중심 부분에 보석을 붙이고 반짝이를 뿌려 마무리한다.

✱ Tip
라인은 한 번에 쉬지 말고 그리며 끝 부분을 뾰족하게 그리는 것이 자연스럽다.

프린스
prince

>> 08

✲ 따라해 보세요

1)

눈두덩이에 하늘색을 눈의 라인을 따라 바르고 이마에는 핑크색을 연하게 펴 바른다

2)

하늘색 위에 흰색으로 라인을 그리고 이마 부분에는 문양을 그린다.

3)

눈 밑에 꽃잎을 그리는 것처럼 흰색과 파란색으로 그라데이션된 점을 찍는다.

4)

검정색으로 문양의 그림자를 간단하게 그려준다. 이마 가운데와 눈꼬리 부분에 보석을 붙여 마무리한다.

✲ Tip
입술도 페이스페인팅의 색과 어울리는 색으로 마무리하면 화려함을 더해준다.

프린세스
Princess

>> 09

✱ 따라해 보세요

1 볼에 크고 작은 하트를 여러 개 그린다.

2 하트마다 흰색으로 날개를 달아준다.

3 흰색으로 하트에 하이라이트를 그려준다.

4 빨간색으로 하트의 테두리를 그린다.

5 검정색으로 날개의 테두리를 그려서 마무리한다.

✱ **Tip**
빨간색 하트라인에 글리터젤을 사용해도 화려한 효과를 준다.

핑크하트
Pink heart

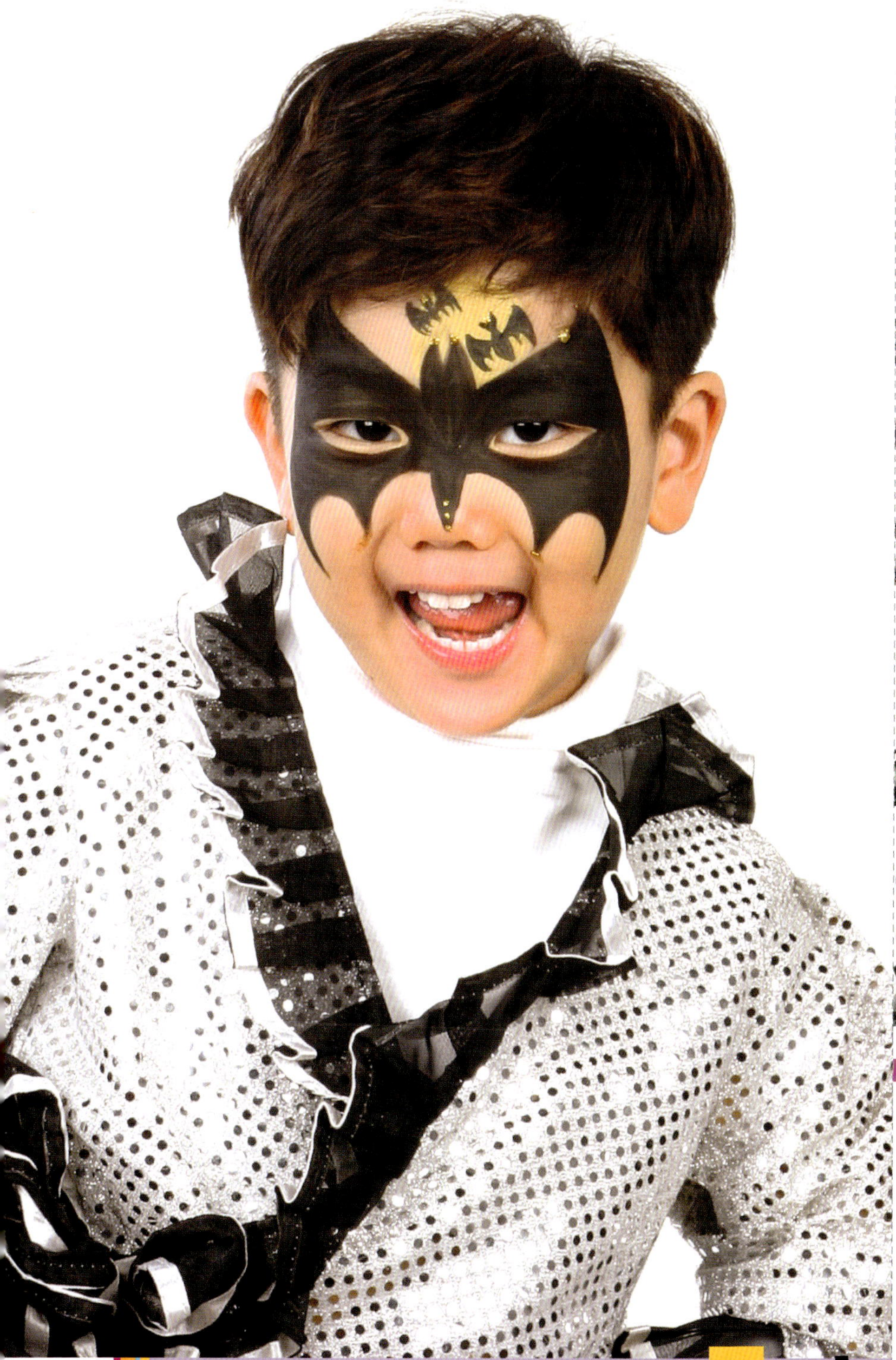

>> 10

※ 따라해 보세요

눈 주변에 검은색으로 박쥐 라인을 그린다.

라인 안쪽을 검정색으로 채우고 박쥐 머리를 그린다. 이때 눈 가까이에 물감을 바르지 않도록 한다.

박쥐 머리 뒤로 노란색 달을 그려준다.

달 뒤로 작은 박쥐를 두 마리 더 그린다.

※ Tip
배트맨을 그린 후 입술 처리는 립크로스와 빨간색 펄가루로 처리한다.

배트맨

Batman

>> 11

따라해 보세요

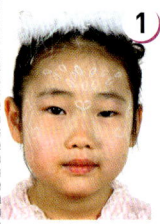

1) 흰색 펜슬로 전체적인 라인을 그려준다.

2) 바탕에 펄가루를 처리해 주고 핑크색으로 덧칠해 주며 하트와 꽃잎을 그린다.

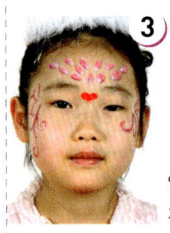

3) 얼굴 옆선을 라인 잡아 주고 처리한다.

Fantasy 1

환타지 1

페이스페인팅 | **키즈파티**

>> 12

* 따라해 보세요

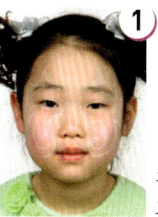

1) 흰색 펜슬로 전체적인 라인을 그려준다.

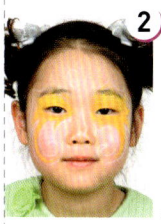

2) 노란색으로 칠해준다.

3) 눈에 마스크를 그리고 정리한다.

4) 나비의 몸과 더듬이를 그린 후 마무리한다.

Fantasy 2 — 환타지 2

키즈파티 작품 갤러리

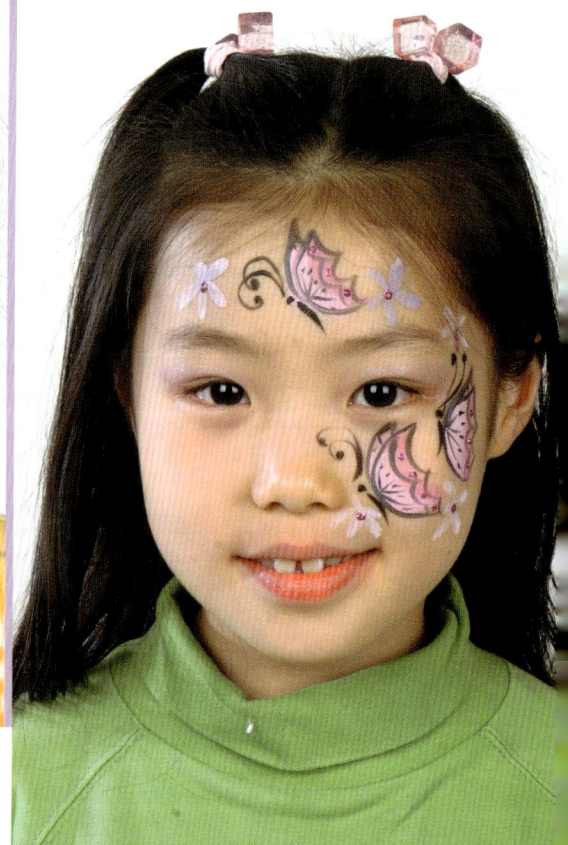

페이스페인팅 | **키즈파티**

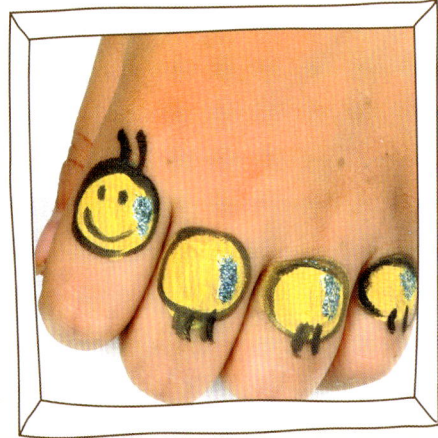

페이스페인팅
PART **4**

핸드·풋 페인팅

>> 01 코끼리

Elephant

페이스페인팅 | **핸드·풋페인팅**

✽ 따라해 보세요

1

회색 물감으로 두 번째 손가락과 네 번째 손가락 반씩 칠하고 나머지 손가락과 손등 일부분을 칠해준다.

2

검은색으로 눈을 그리고, 주름과 외곽선을 뚜렷하게 표현해 준다.

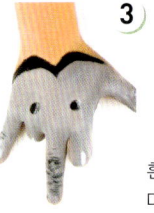

3

흰색으로 상아를 그리고 마무리한다.

✽ Tip
주름을 표현하면 더 사실적이다.

>> 02 강아지

Puppy

*따라해 보세요

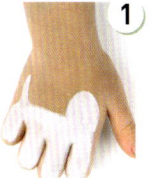

흰색으로 강아지 형태를 그린다.

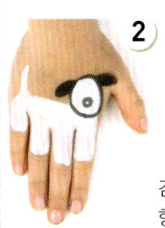

검정색으로 강아지의 얼굴 형태와 귀를 그려준다.

검정색을 이용해 강아지 무늬를 그리고 입과 외곽선을 그린다.

머리 위에 짖는 느낌을 그려주고 반짝이를 발라준다. 그리고 뼈다귀 등을 그려 마무리한다.

>> 03
발레리나

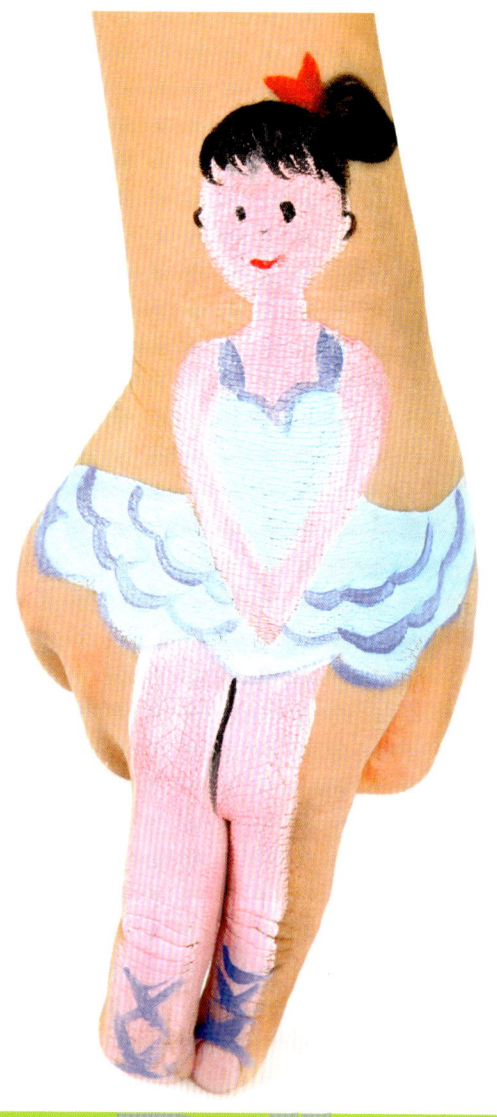

❋ 따라해 보세요

1

흰색 물감으로 밑그림을 그린다.

2

살색을 만들어 얼굴과 팔 다리를 칠한다.

3

하늘색 물감을 이용하여 발레복을 칠한다.

4

검정 물감으로 머리와 눈을 그리고 파란색으로 옷 라인과 신발을 그린다.

❋ Tip
손이나 다리 한쪽을 위로 올려 생동감 있게 표현해 준다.

Ballerina

>> 04

뱀

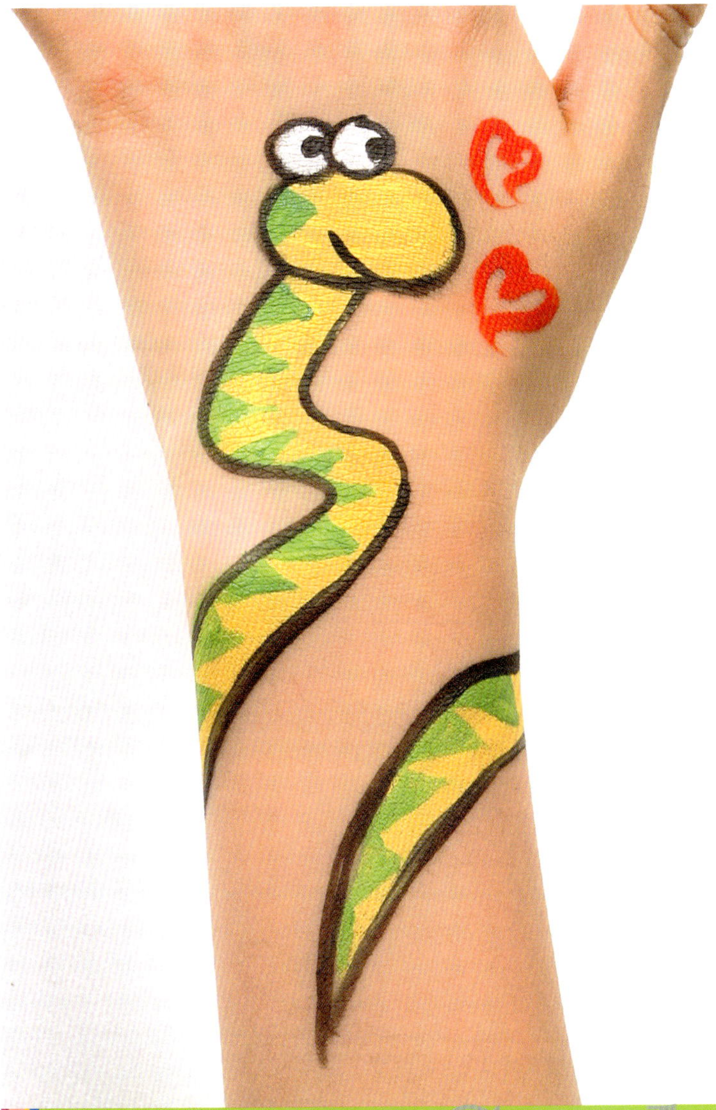

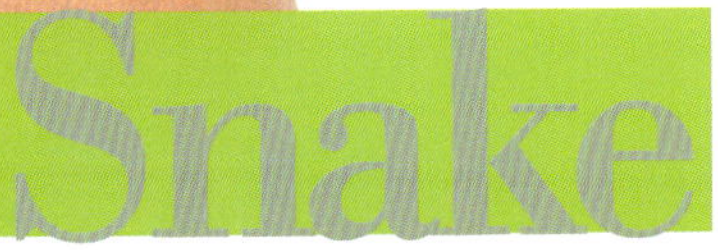

Snake

✱ 따라해 보세요

1

손등에 흰색 물감으로 눈을 그린다.

2

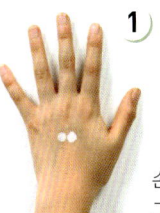

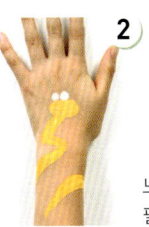

노란색 물감으로 뱀의 몸통을 팔에 감긴 모양으로 그린다.

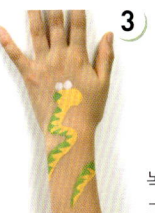

3

녹색 물감으로 뱀의 무늬를 그린다.

4

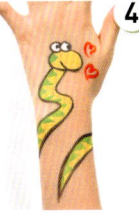

검정 물감으로 눈동자와 라인을 그리고 액세서리를 그려서 마무리한다.

✱ Tip

팔을 나무로 이용하면 더 재미있다.

>> 05 꽃팔찌

✱ 따라해 보세요

1

흰색으로 손목과 손가락에 꽃을 그린다.

2

꽃과 꽃 사이사이에 녹색으로 잎사귀를 그린다.

3

빨간색으로 꽃 가운데 심을 그리고 반짝이로 마무리한다.

✱ Tip
큰 꽃 사이에 작은 꽃을 넣어 준다.

Flower Bracelet
Flower bracelet

>> 06
돼지가족

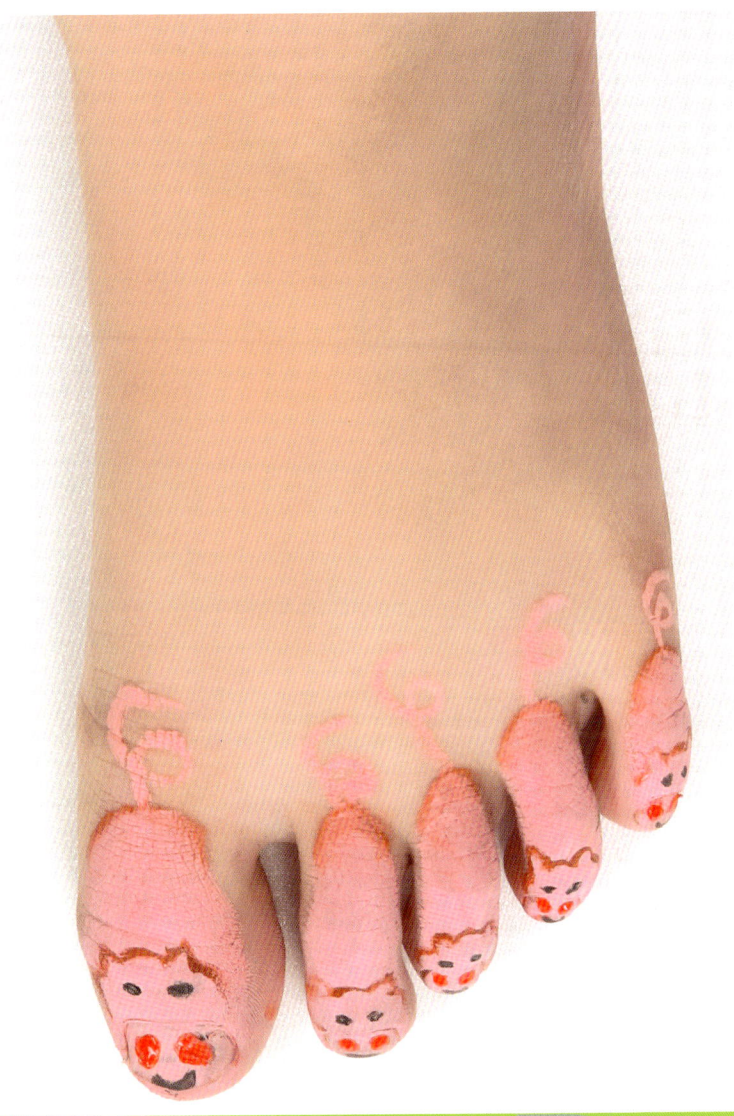

Pigs

✱ 따라해 보세요

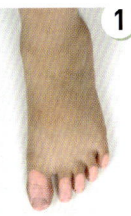

발가락마다 핑크색으로 원을 그려 다섯 마리의 돼지를 그린다.

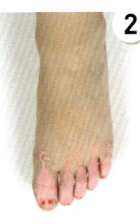

발톱 부분에 빨간색으로 돼지 코를 그리고 꼬리도 그려준다.

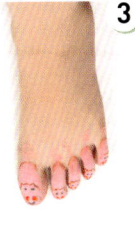

갈색으로 머리와 몸통의 경계를 그리고 검정색으로 눈과 입을 그려 마무리한다.

✱ Tip
발등 위에 잔디나 우리를 그려주면 동화적인 표현이 된다.

>> 07 슬리퍼

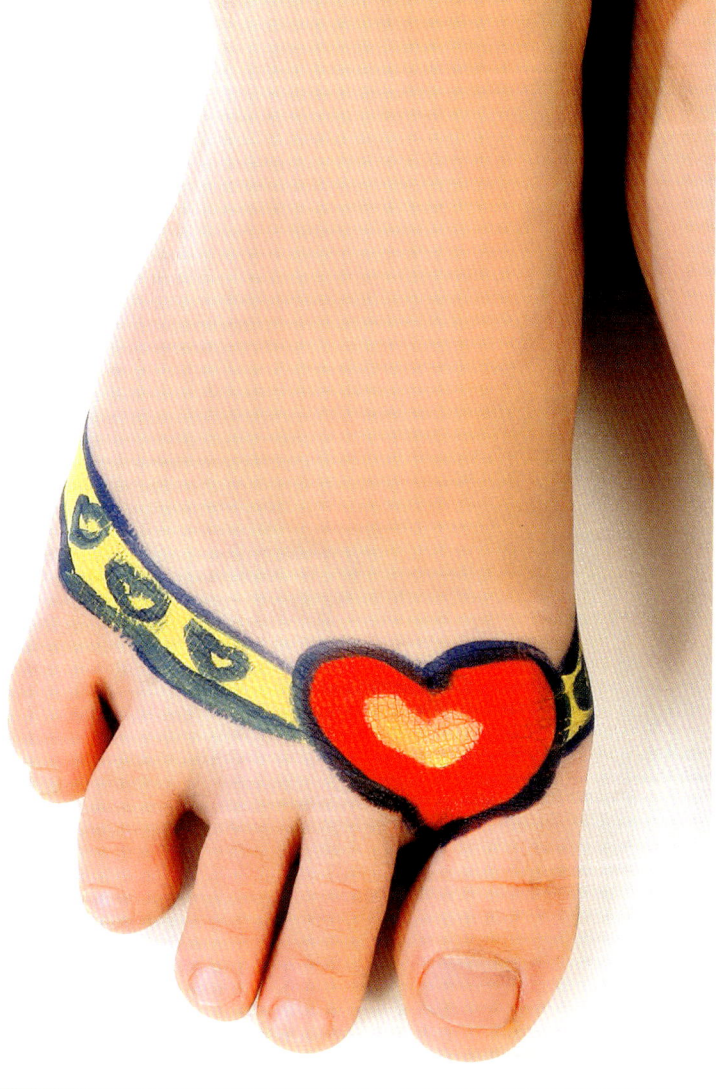

✱ 따라해 보세요

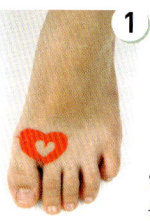

1. 엄지발가락 위쪽에 빨간색 하트를 그린다.

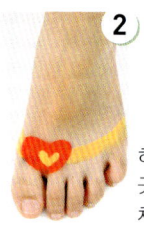

2. 하트 옆으로 노란색 선을 굵게 긋고, 하트 안도 노란색으로 채워준다.

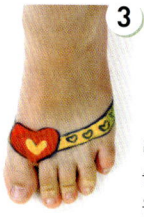

3. 라인을 그어주고 슬리퍼 줄 안으로 무늬를 그려 넣어 완성한다.

✱Tip
하트에 빨간 글루터젤을 이용하여 여름 슬리퍼의 화려함을 살려준다.

Slippers

페이스페인팅 | **핸드·풋페인팅**

핸드·풋페인팅 작품 갤러리

페이스페인팅 PART 5

삐에로

>> 01

✱ 따라해 보세요

1) 흰색과 노란색으로 눈가에 원을 그린다.

2) 입 주변을 따라 흰색으로 입 모양을 크게 그린다.

3) 빨간색으로 코를 그리고 입을 그린다.

4) 검정색으로 눈가의 원에 풍선 꼬리를 그리고 하이라이트를 주어 마무리한다.

✱ **Tip**
색상과 디자인을 변화시켜 그려주면 흥미롭다.

삐에로 1
Happy clown

>> 02

✱ 따라해 보세요

1
얼굴을 삼등분해서 노란색과 분홍색 그리고 흰색 물감을 바른다.

2
눈에는 꽃 모양을 겹쳐서 그리고 입과 코는 빨간색으로 그려준다.

3
글리터젤을 이용하여 마무리한다.

✱ **Tip**
삐에로는 소품 이용을 잘해야 효과적이다.

삐에로 2
Glittered clown

>> 03

※ **따라해 보세요**

1

양쪽 눈에 각각 빨간색과 파란색의 풍선을 그린다.

2
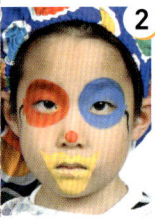
코를 그리고 입 부분에 노란색을 칠한 후 풍선의 고리를 그린다.

3

흰색 물감으로 입꼬리 부분에 하트를 그리고 하이라이트를 그린다.

삐에로 3
Balloon clown

페이스페인팅 | **삐에로**

>> 04

✱ 따라해 보세요

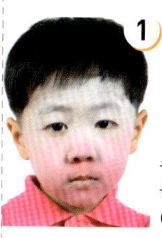
1. 스폰지를 사용하여 얼굴 전체를 흰색과 핑크색으로 그라데이션한다.

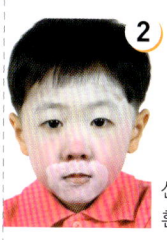
2. 산타클로스의 수염을 흰색으로 표현해 준다.

3. 오렌지색 선물과 빨간 리본을 표현한다.

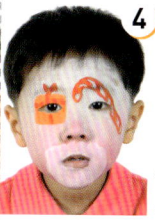
4. 캔디케인을 빨강색과 흰색으로 표현한다.

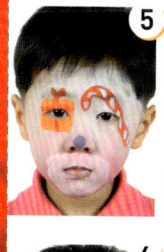
5. 코를 그려주고 빨간 입술을 펄과 함께 그린다.

6. 검정색으로 수염 테두리와 별을 표현하여 완성한다.

삐에로 4
Santa clown

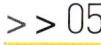

✱ 따라해 보세요

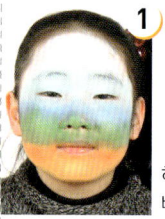

하늘색과 초록색, 흰색으로
바탕을 칠해준다.

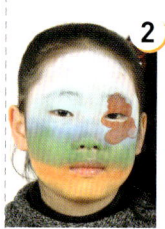

갈색으로 소라를 그린다

초록색과 연두색으로 수초를
그려준다.

삐에로의 코를 표현한다.

오렌지색과 빨간색으로 물고기
입맞춤 그림을 그려준다.

✱ Tip
**전형적인 삐에로를 탈피하여 색다른 삐에로를
부드럽게 연출할 수 있다.**

삐에로 5

Clown

페이스페인팅 | **삐에로**

삐에로 작품 갤러리

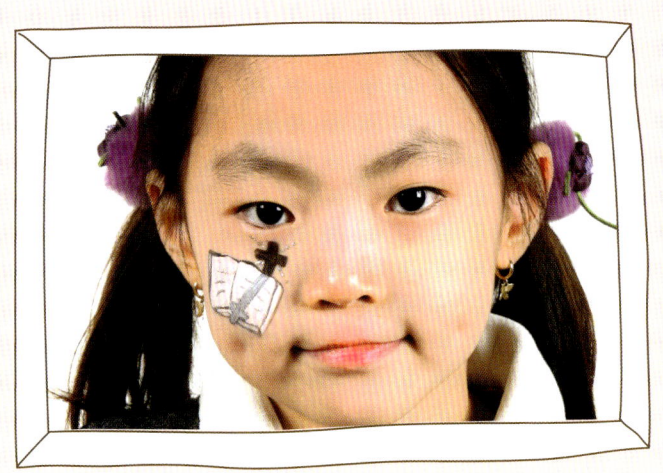

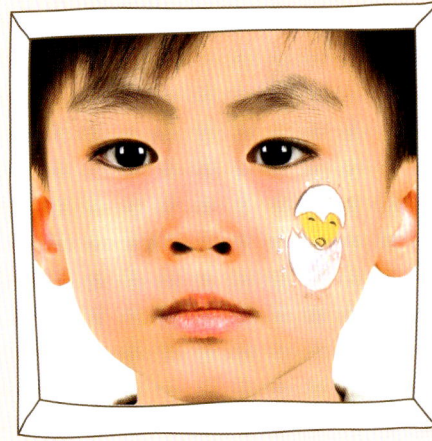
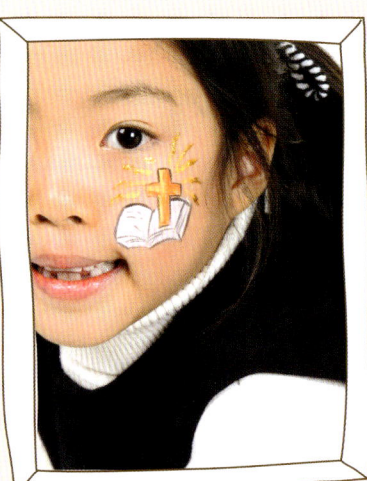

페이스페인팅
PART 6

전도 그림

>> 01

가시 면류관

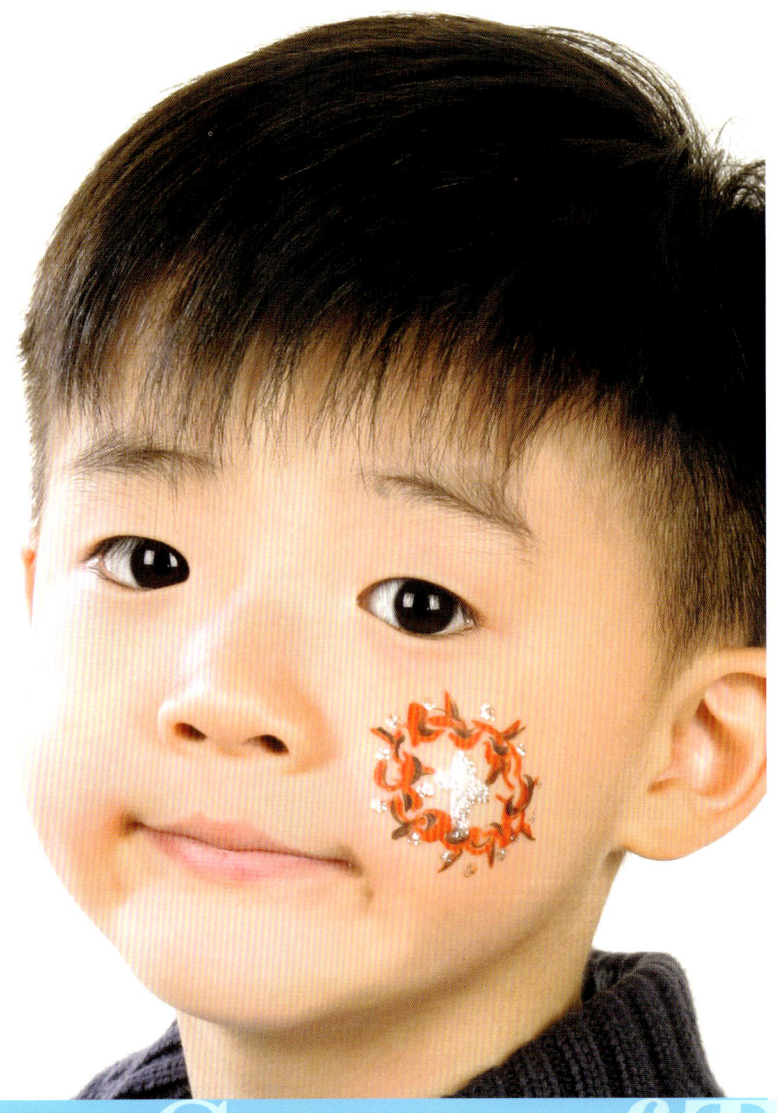

Crown of Thorns

✱ 따라해 보세요

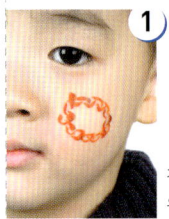
1) 갈색 물감으로 체인 모양의 원형을 그린다.

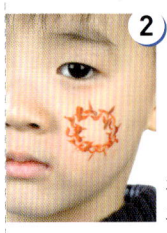
2) 체인 주변에 가시를 날카롭게 그려준다.

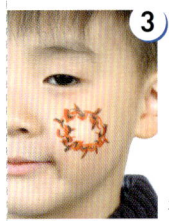
3) 검정색으로 그림자를 그려준다.

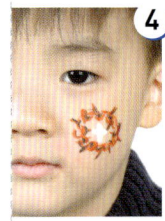
4) 원 안의 빈 공간에 하얀색으로 십자가를 그린다.

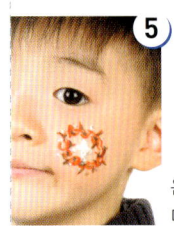
5) 은색 펄로 십자가를 강조한 다음 마무리한다.

✱ Tip
글씨를 써 주면 면류관의 의미를 더욱 부각시킬 수 있다.

>> 02 포도

Grape

✴ 따라해 보세요

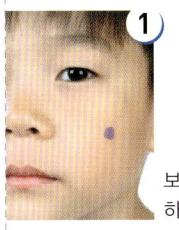
1) 보라색 물감으로 포도송이 하나를 그려준다.

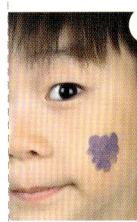
2) ①과 같은 방법으로 크기를 다르게 그려 한 송이를 완성한다.

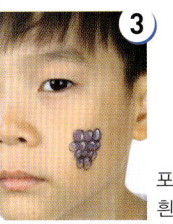
3) 포도 한 알 한 알마다 흰색으로 하이라이트를 준다.

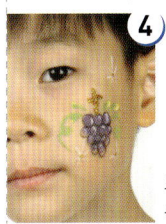
4) 포도송이 위에 십자가 모양으로 꼭지를 그려준다.

5) 넝쿨, 나뭇잎 등을 그려 마무리한다.

✴ Tip
별이나 넝쿨 또는 잎을 표현하면 더욱 효과적이다.

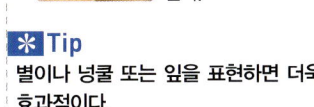

>> 03 사랑의 십자가

✱ 따라해 보세요

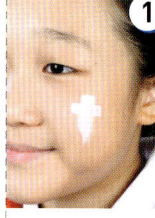
흰색으로 십자가를 그려준다. 이때 십자가의 가로 부분을 중심에서 약간 위쪽으로 그려준다.

십자가 위에 핑크색으로 리본을 그린다.

십자가 아랫부분에 빨간 하트를 그린다.

검정색으로 테두리를 그리고 십자가 주변을 꾸며 마무리 한다.

✱ Tip
십자가에 음영을 주면 입체적으로 표현된다.

Charity-cross

>> 04
부활

Resurrection

✱ 따라해 보세요

1. 오렌지색으로 십자가를 그린다.

2. 갈색으로 십자가에 음영을 넣어 좀 더 입체감 있게 표현해 준다.

3. 녹색 물감으로 십자가 밑에 풀을 그린다.

4. 십자가 주변에 노란색과 흰색 물감으로 빛을 그린 후 글리터젤을 사용하여 마무리한다.

>> 05

부활절 병아리

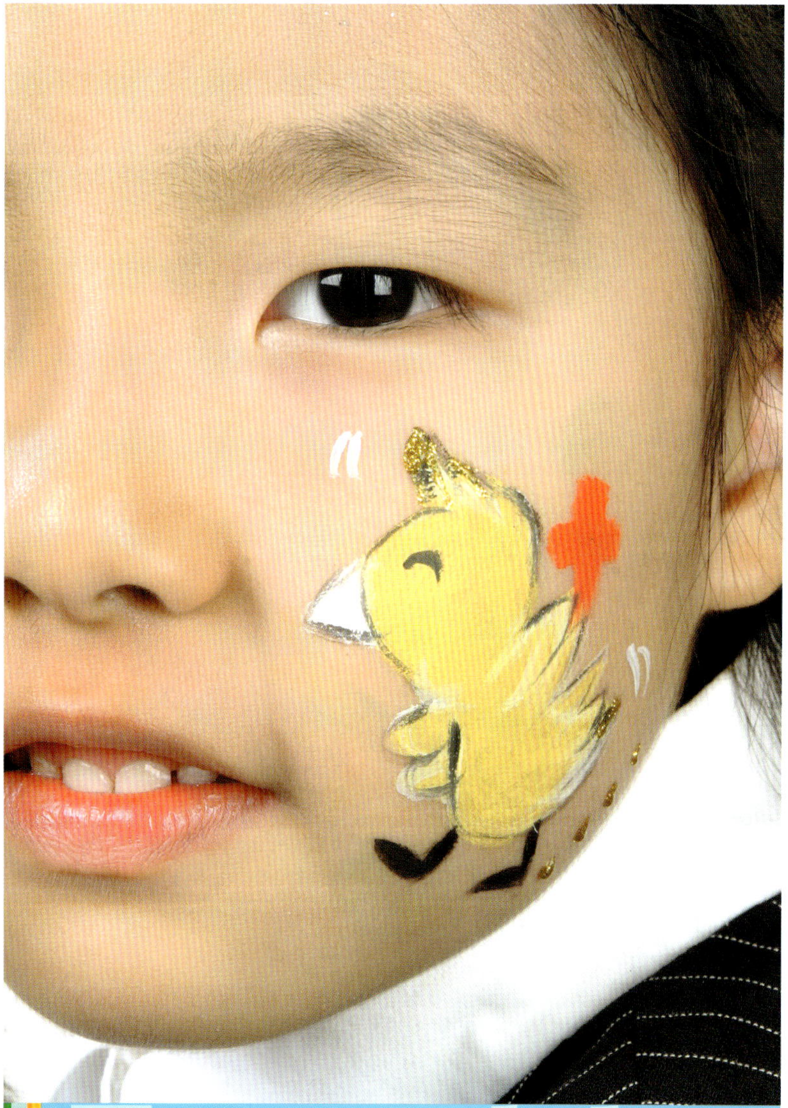

Easter chiken

Easter chicken

＊ 따라해 보세요

1

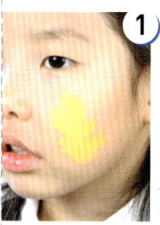

노란색으로 병아리 전체를 생동감있게 라인을 그려준다.

2

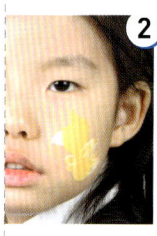

흰색으로 부리와 날개의 라인을 그려주어 큼직하게 표현한다.

3

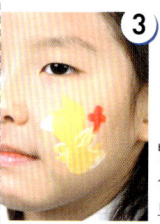

빨간색 물감으로 날개 위에 십자가를 그려주면 부활절 느낌이 난다.

4

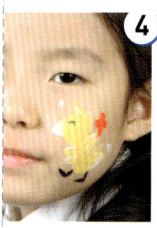

검정색으로 다리와 눈을 그려 완성한다.

5

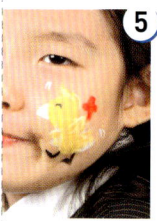

검정색으로 라인 처리를 한 후 반짝이로 꾸며 완성한다.

＊ Tip

병아리 날개와 다리를 생동감있게 표현한다.

>> 06
하트리본

Heart ribbon

✱ 따라해 보세요

① 핑크색 리본을 하트 모양처럼 그린다.

② 빨간색으로 하트 리본이 겹치는 부분에 그려 음영효과를 준다.

③ 검정색으로 라인을 그려 돋보이게 하고 글씨를 쓴 다음 반짝이를 조금 찍어 마무리한다.

>> 07
성경책

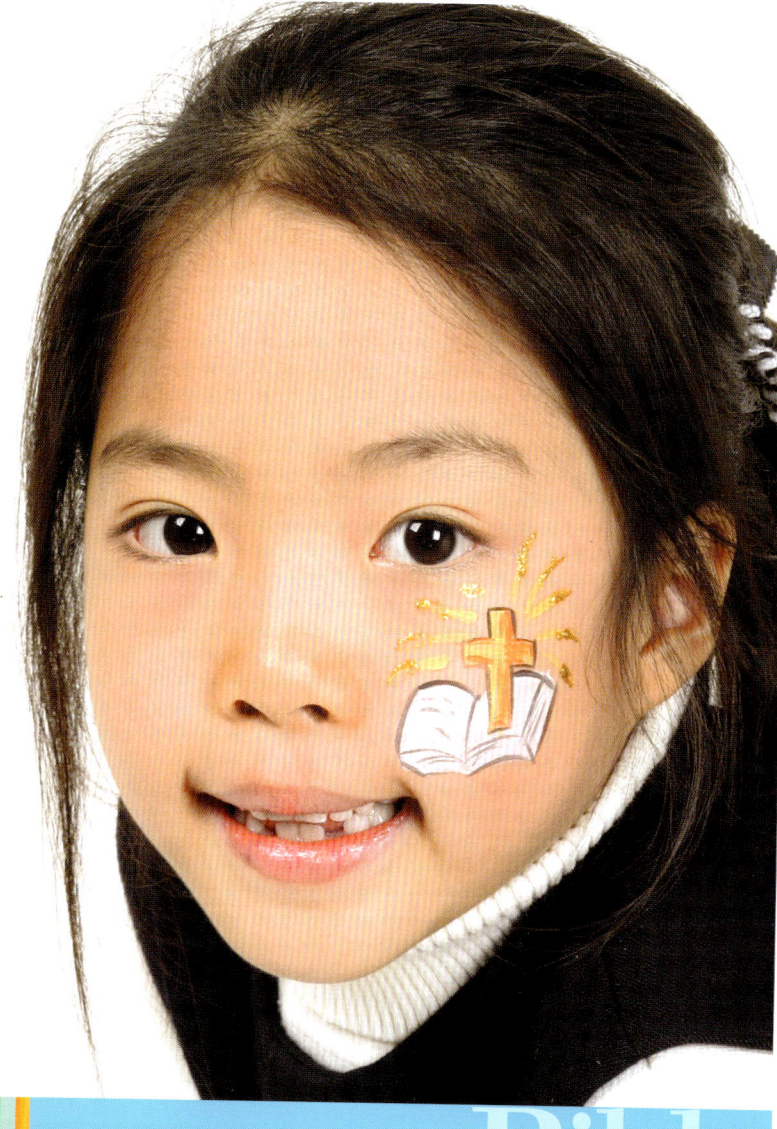

Bible

페이스페인팅 **전도그림**

✱ 따라해 보세요

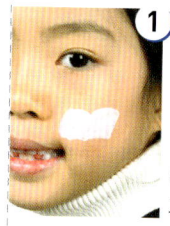
책의 펼친 모양을 흰색으로 그린다.

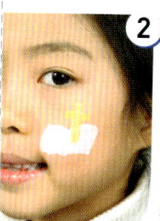
책 위로 십자가를 그린다.

검정색으로 책을 표현해 주고 십자가에는 오렌지색을 덧발라 음영을 표현해 준다.

십자가 주위에 광채를 그리고 반짝이를 발라 마무리한다.

>> 08

십자가 백합

Lily

✽ 따라해 보세요

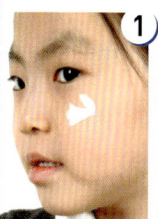
① 흰색으로 백합을 그려준다.

② 흰색으로 줄기를 그린 후 연두색으로 이파리를 그린다.

③ 파란색으로 십자가를 그린다.

④ 별을 그린 후 반짝이로 마무리한다.

✽ Tip
십자가 색깔을 다르게 하면 느낌이 틀려진다.

>> 09
길잃은 양

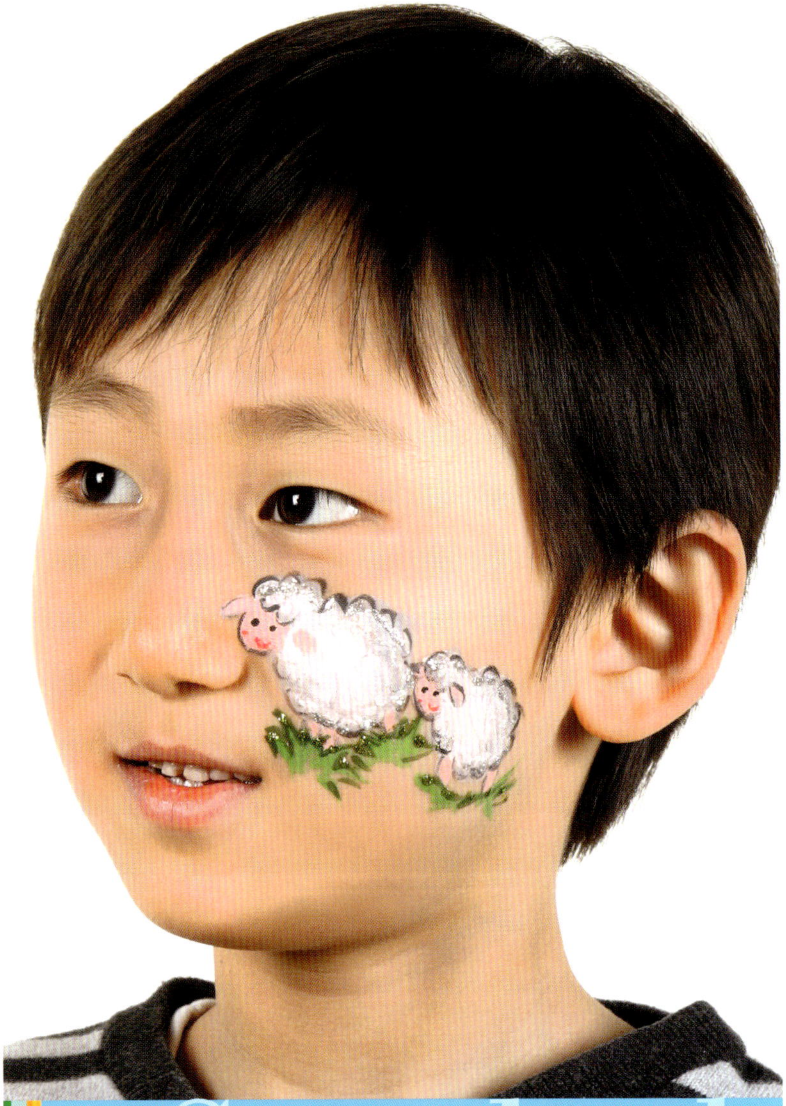

✱ 따라해 보세요

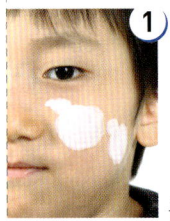
흰색으로 산양의 몸을 그려준다.

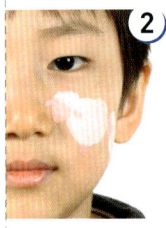
얼굴, 귀, 다리를 그린다.

회색으로 양의 털을 표현하고 검은색으로 전체 윤곽을 잡는다.

반짝이를 이용하여 마무리를 해준다.

✱ Tip
울타리나 초원을 자세히 표현해 준다.

Stray lamb

페이스페인팅 | 전도그림

>> 10
성경과 십자가

Cross with bible

✱ 따라해 보세요

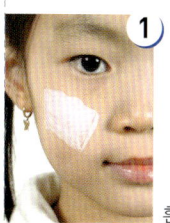
흰색으로 성경의 형태를 그린다.

검정으로 십자가를 그리고 그림자를 그린 후 성경 라인을 그린다.

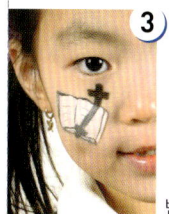
반짝이로 마무리한다.

✱ Tip
오른쪽 뺨에 그리면 훨씬 자연스럽다.

>> 11 두루마리 양피지

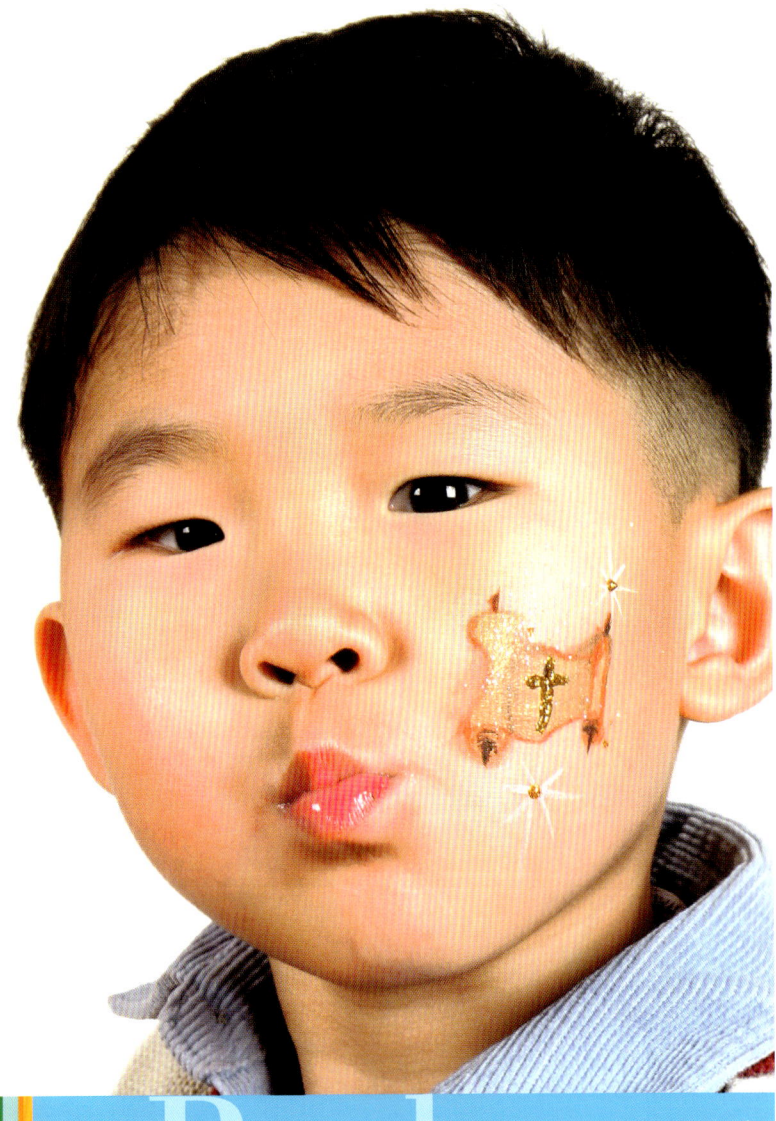

Parchment

페이스페인팅 | **전도그림**

✽ 따라해 보세요

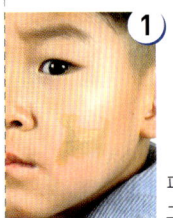
1. 피치와 골드를 섞어 밑그림을 그린다.

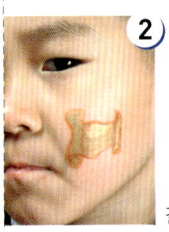
2. 갈색으로 테두리를 그린다.

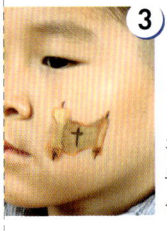
3. 검정색으로 그림자를 그리고 두루마리의 양쪽 봉을 그린 후 십자가를 그린다.

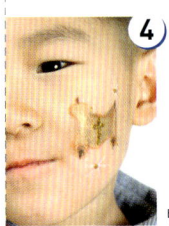
4. 반짝이로 마무리를 해준다.

✽ Tip
간단한 구절(믿음, 소망, 사랑 등)의 글씨를 넣어준다.

>> 12

벼이삭

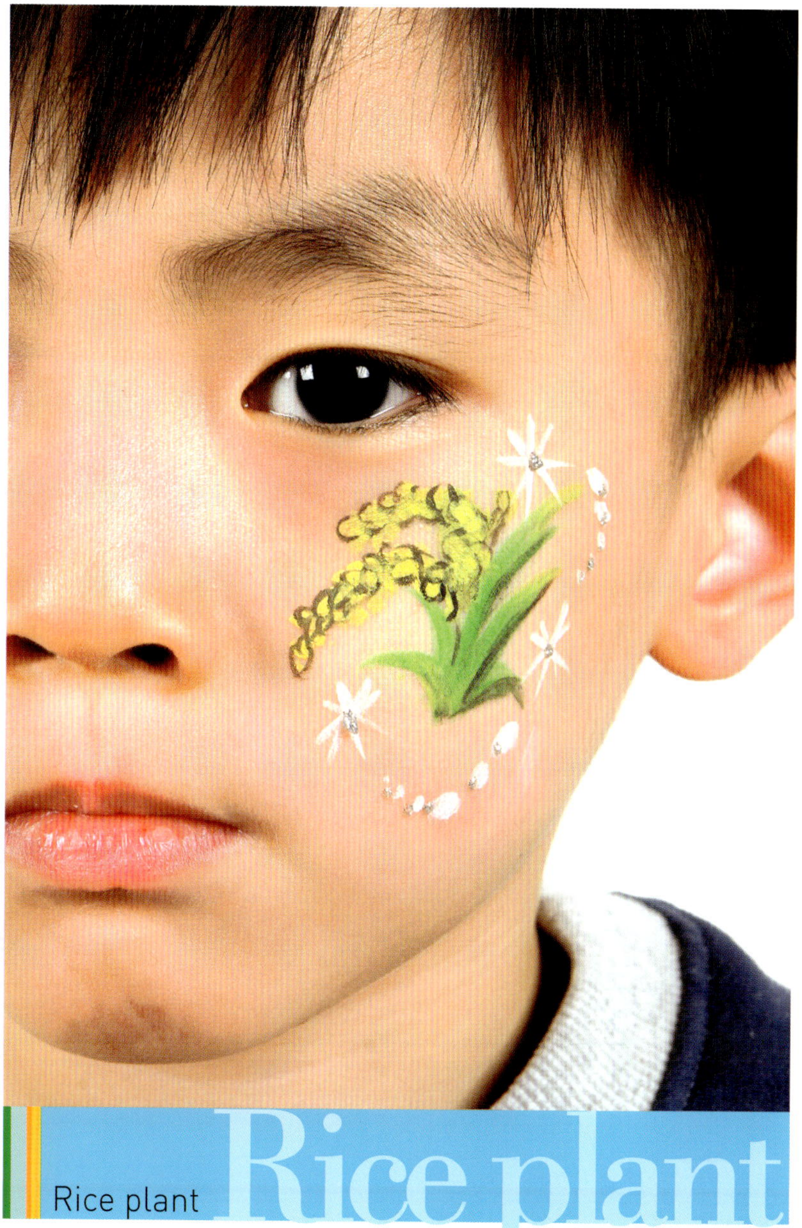

Rice plant Rice plant

*** 따라해 보세요**

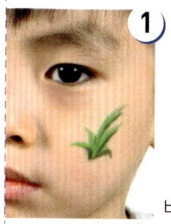

벼 이파리를 음영을 주어 그린다.

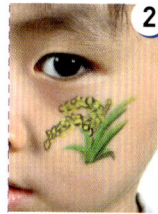

벼 이삭은 노란색으로 칠한 후
검정색으로 라인을 그린다.

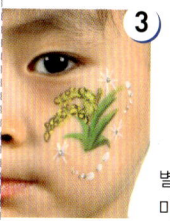

별과 반짝이로 장식하여
마무리한다.

*** Tip**

과일 등과 함께 추수감사절에 많이 쓰이는 도안이다.

>> 13

놋뱀

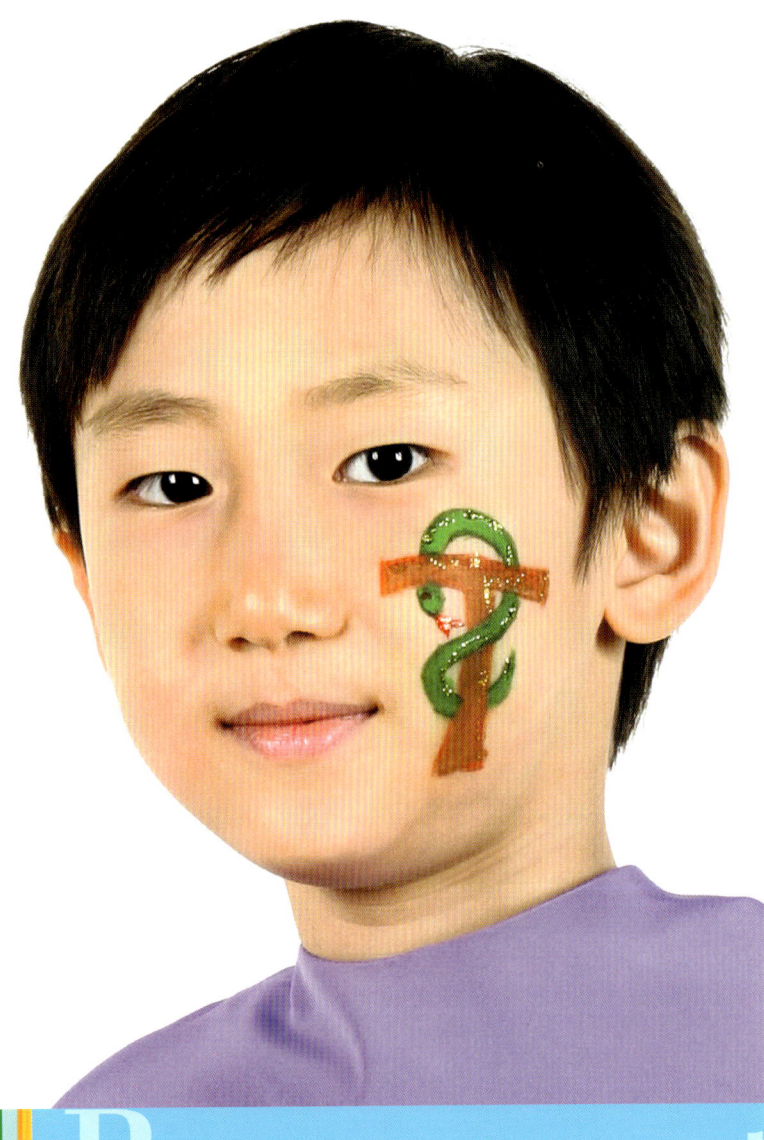

Brass serpent
Brass serpent

페이스페인팅 | **전도그림**

✱ 따라해 보세요

십자가를 그려준다.

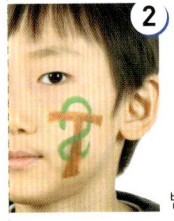

뱀을 그려준다.

명암을 주어 십자가와 뱀을 표현하고 반짝이 등을 사용하여 마무리를 해준다.

>> 14

최후의 심판

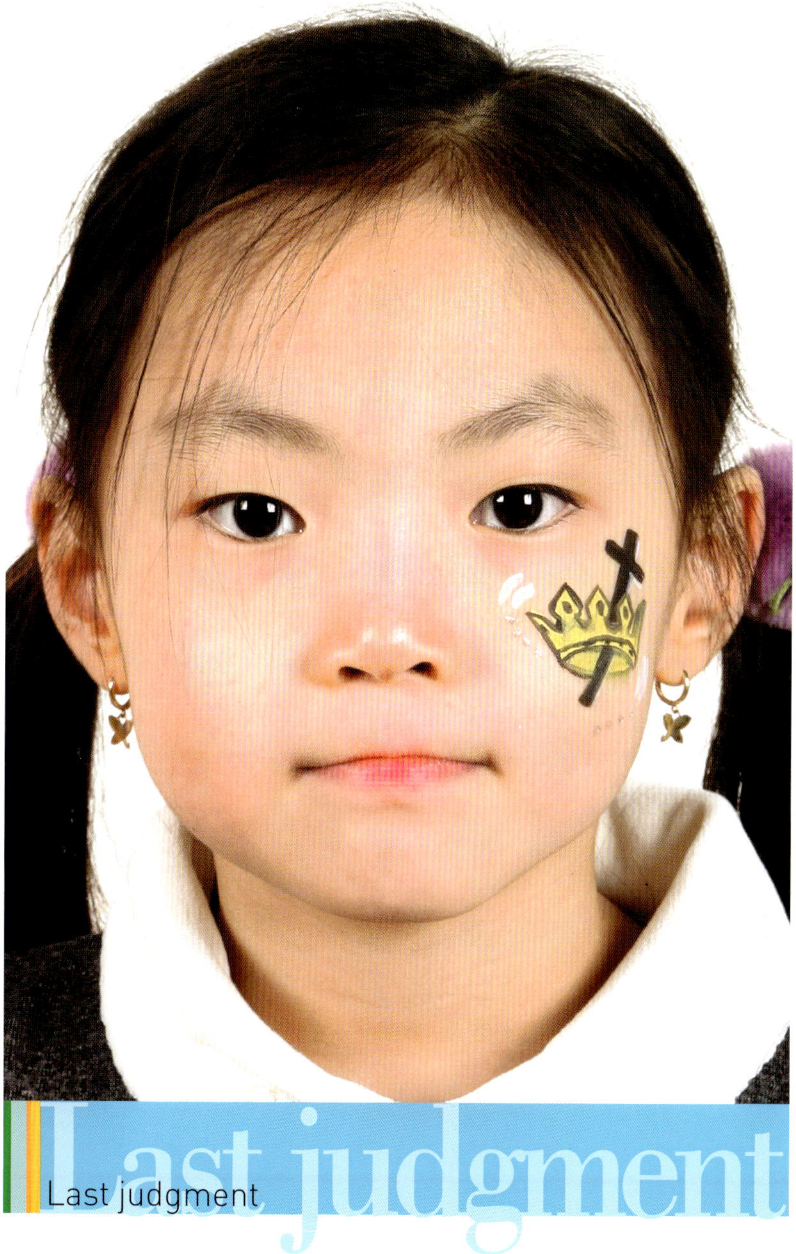

Last judgment

＊ 따라해 보세요

1 노란색으로 왕관을 그린다.

2 왕관 테두리를 검정색으로 그려준다.

3 검정으로 십자가를 그린 후 반짝이로 장식하여 마무리를 한다.

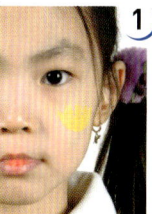

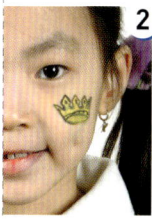

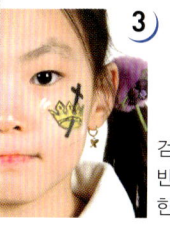

>> 15

태양

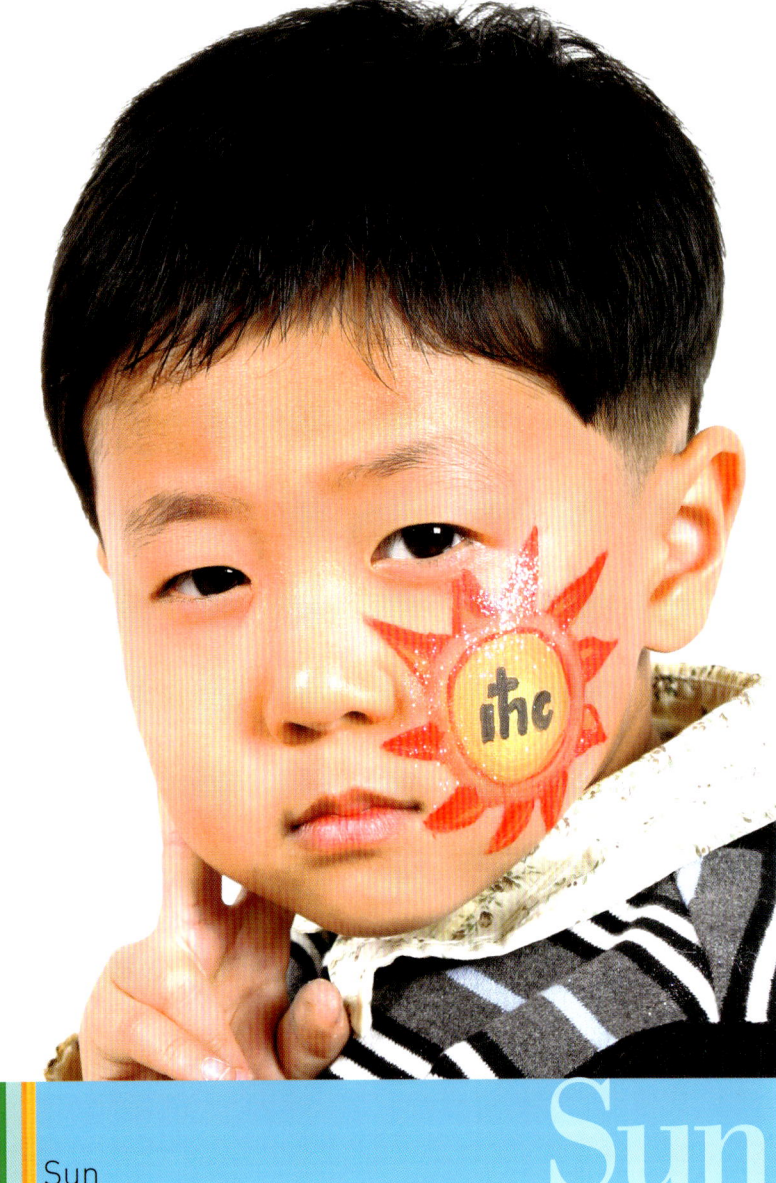

Sun

페이스페인팅 | **전도그림**

❋ 따라해 보세요

① 노란색과 주황색을 사용해 태양을 그려준다.

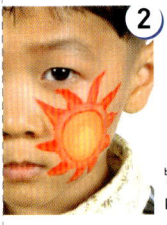
② 빨간색으로 태양의 이글거림을 더 강조한다.

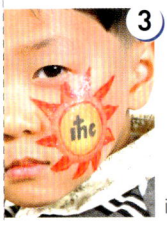
③ ihc를 써준다.

>> 16

생명의 나무

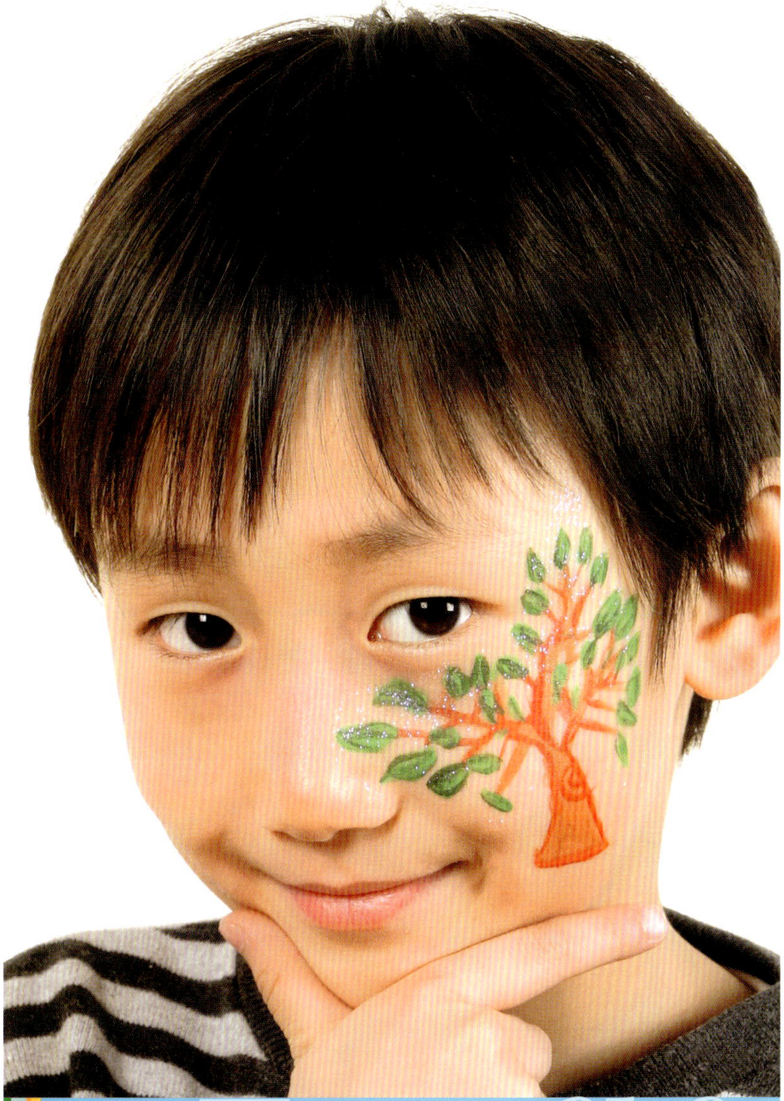

Tree of life

＊ 따라해 보세요

1 나뭇가지를 그려준다.

2 가지가지에 새싹을 그려준다.

3 명암을 주어 마무리를 해준다.

＊ Tip

순서를 바꿔 잎을 그린 후 가지를 그려도 무방하다.

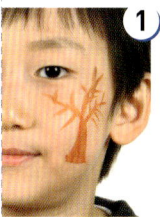

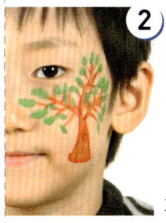

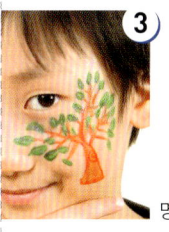

>> 17 부활절 달걀

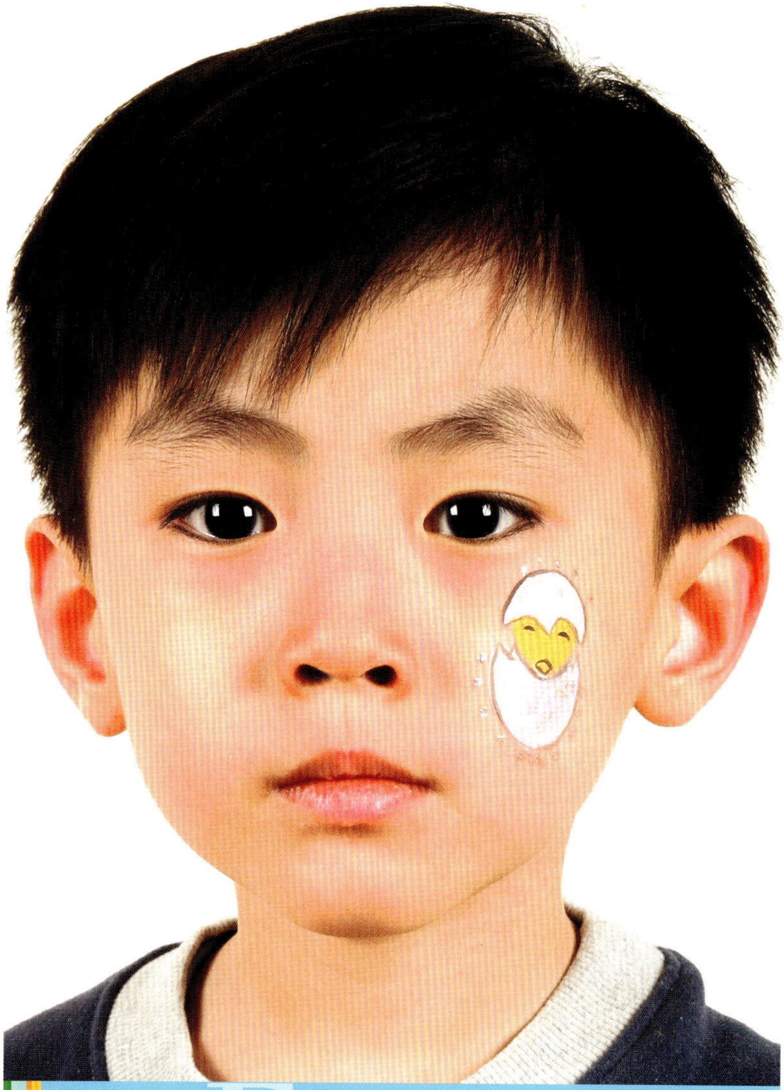

✱ 따라해 보세요

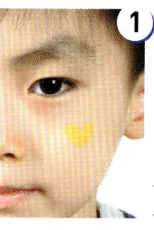
노란색으로 병아리 얼굴을 그린다.

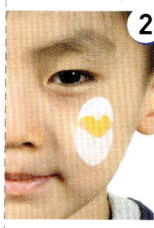
위아래로 분리된 달걀 모양을 그린다.

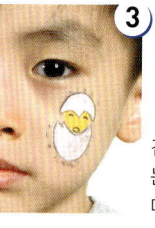
검정색으로 라인을 그린 후 눈 코 입을 그리고 반짝이로 마무리한다.

✱ Tip
병아리의 깃털을 같이 그려주면 귀엽게 보인다.

Easter egg

페이스페인팅 | 전도그림

>> 18
노아의 비둘기

✱ 따라해 보세요

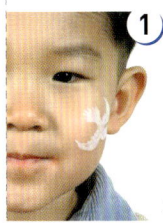

1

흰색으로 비둘기를 그린다.

2

녹색으로 잎을 그린 후 검정색 라인을 그려준다.

✱ Tip
노아의 비둘기는 한 마리지만 작은 비둘기의 형상(자세하지 않게)을 주변에 그려주면 단순함을 벗을 수 있다.

Dove

전도 그림 작품 갤러리

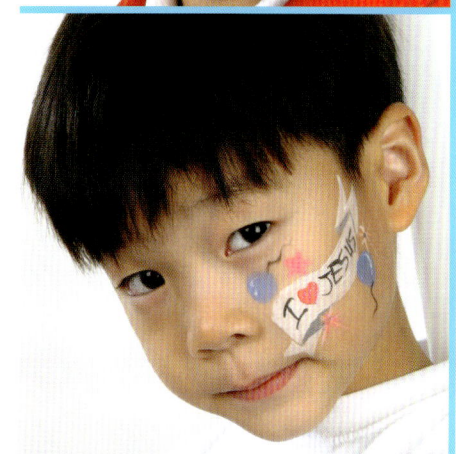

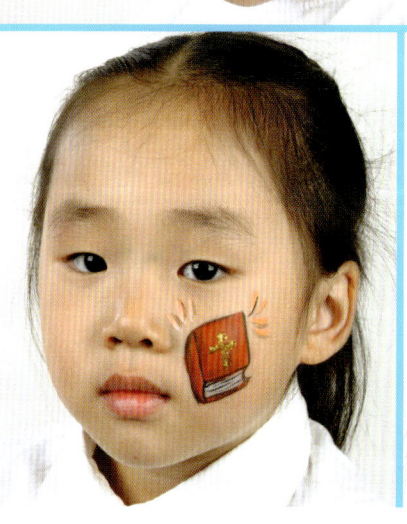

페이스페인팅 | 전도그림

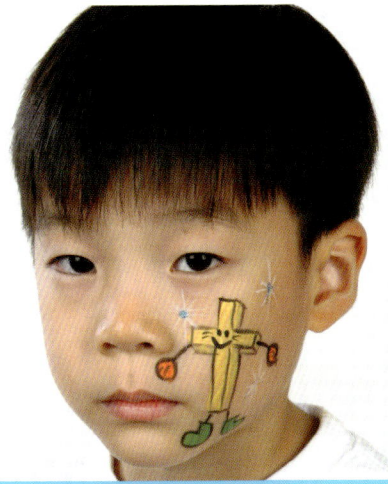

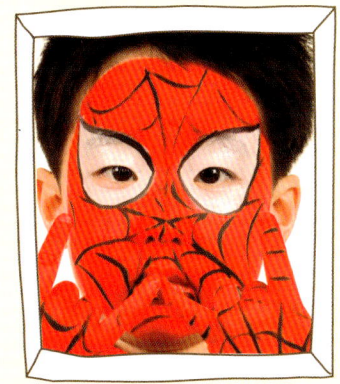

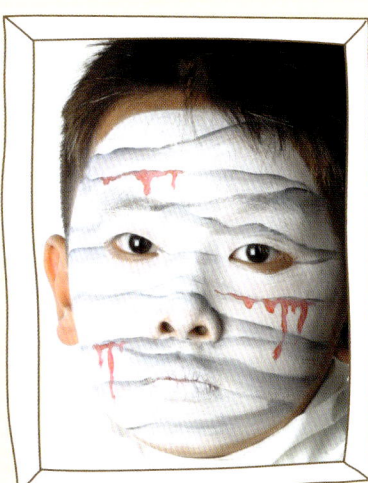

페이스페인팅 PART 7

할로윈 파티

>> 01 유령과 박쥐

✱ 따라해 보세요

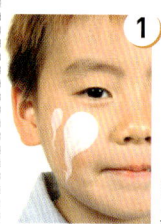

흰색 물감으로 유령의 형태를 그린다.

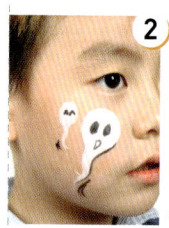

검정색으로 눈과 입을 그리고 아랫부분에 그림자를 그린다.

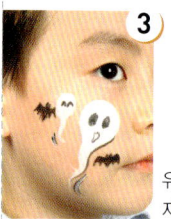

유령 옆에 박쥐를 그려 재미있게 표현한다.

✱ Tip
두 개 이상 그림을 그릴 경우 크기를 달리하여 원근감을 표현한다.

Ghost house

페이스페인팅 | 할로윈파티

>> 02
할로윈 호박

Halloween pumpkin

✱ 따라해 보세요

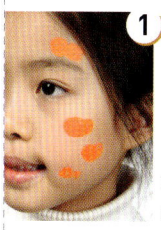

1 호박을 이마부터 볼아래 쪽에 크기를 달리하여 그린다.

2 호박 주위에 녹색으로 넝쿨과 잎사귀를 그려 호박넝쿨이 퍼져나가는 느낌을 준다.

3 검정색으로 호박에 라인을 그려 뚜렷하게 보이도록 해준다.

4 연두색으로 넝쿨을 조금 더 그리고 글리터젤로 마무리한다.

✱ Tip
할로윈 축제 말고도 기업 이미지(농업)에 쓰일 수 있는 도안이다.

>> 03 스파이더맨

✻ 따라해 보세요

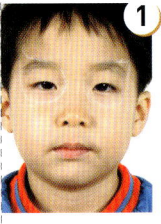
흰색으로 눈 모양을 그린다.

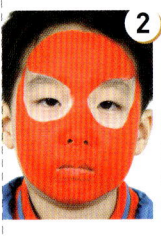
흰색 테두리 안쪽을 제외한 나머지 부분을 빨강색으로 채운다. 이때 손도 같이 빨강색으로 칠해준다.

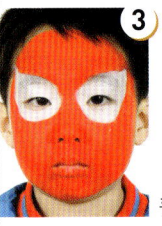
흰색으로 눈을 채워준다.

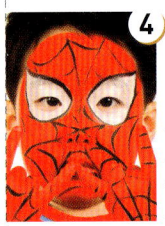
코를 중심으로하여 검정색으로 거미줄을 표현한다. 손은 손목을 중심으로 하여 거미줄을 그린다.

Spiderman

페이스페인팅 | **할로윈파티**

>> 04

해골

Skeleton

✱ 따라해 보세요

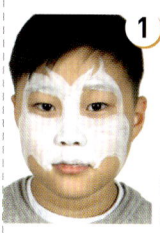
1

눈 주변을 제외하고 흰색 물감으로 윤곽을 고려하여 그린다.

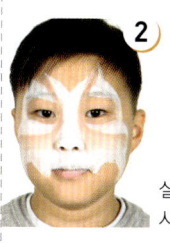
2

살색 물감을 만들어 음영을 주어 사실적으로 그린다.

3

검정색으로 라인을 그리고 치아를 그려준다.

4

얇은 붓으로 가느다란 선을 그려주면 해골같은 분위기를 표현할 수 있다.

>> 05 할로윈 마녀

✱ 따라해 보세요

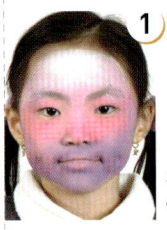

1. 흰색, 핑크색, 라일락색 순으로 얼굴 전체를 그라데이션 처리한다.

2. 이마와 눈 주변에 보라색 라인을 그리고 그라데이션 처리한다.

3. 검정색으로 아이라인을 강하게 그리고 ②의 라인에 포인트를 준다.

4. 빨강색으로 입술을 그리고 입꼬리 아래에 송곳니를 그린 후 펄을 뿌려 마무리한다.

Witch

페이스페인팅 | **할로윈파티**

할로윈 파티 작품 갤러리

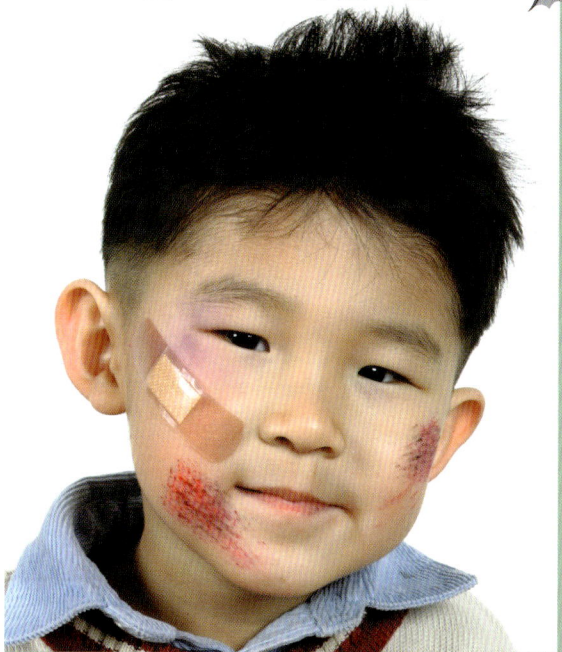

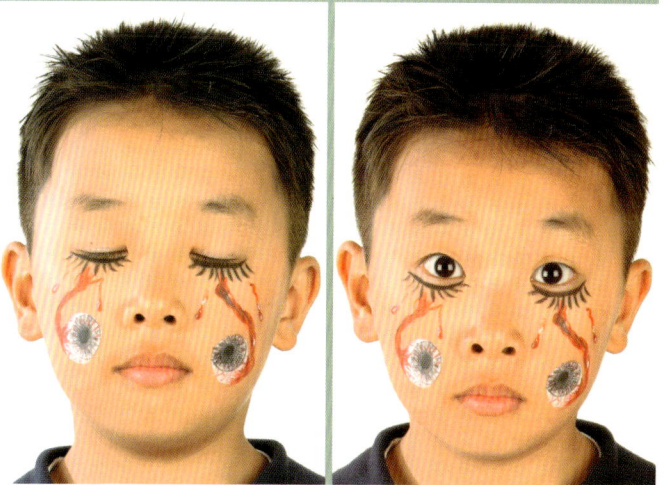

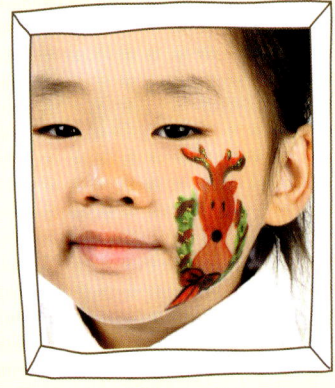

페이스페인팅 PART 8

크리스마스

>> 01 눈사람

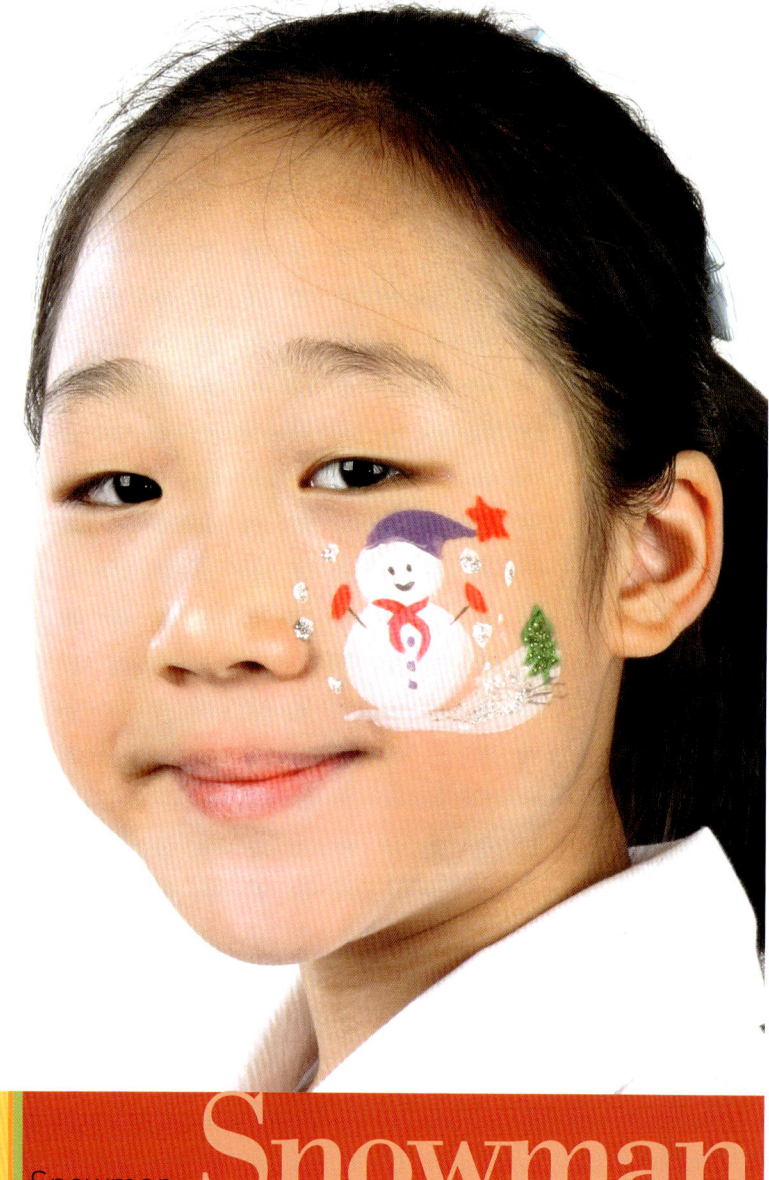

* 따라해 보세요

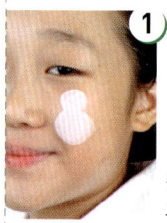

1) 흰색으로 눈사람 전체 모양을 그린다.

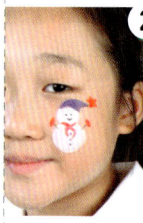

2) 파란색으로 모자를 그려주고, 빨간색을 이용하여 목도리와 손을 그린 다음 검은색으로 단추와 눈을 그려준다.

3) 흰색으로 눈을 표현해 주고, 초록색으로 나무를 그려 완성하고, 반짝이로 장식하여 고급스럽게 마무리한다.

* Tip
목도리나 모자를 글리터젤로 보색 처리해도 좋은 표현이 된다.

Snowman

페이스페인팅 | **크리스마스**

>> 02

금종

✱ 따라해 보세요

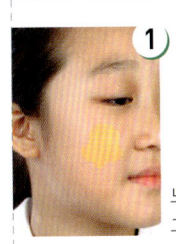

1. 노란색을 이용하여 종 모양을 그려준다.

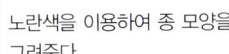

2. 종 윗부분에 초록색으로 잎을 그린다.

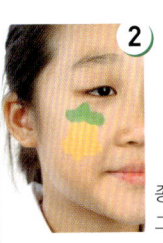

3. 검은색으로 종과 잎의 선을 그어주고 여러 가지 색의 반짝이로 장식하여 완성한다.

✱ Tip
음표나 멜로디를 같이 그리면 종이 울리는 느낌을 줄 수 있다.

Goldenbell
Goldenbell

>> 03
크리스마스 트리

✱ 따라해 보세요

① 초록색으로 나무 모양을 그려준다.

② 검은색으로 글씨를 써준다.

③ 반짝이로 트리를 장식하여 완성한다.

✱ Tip
글씨는 바탕색이 마른 후에 써야 번지지 않는다. 나무 주위에 별이나 눈 처리를 해준다. 또한 글루터젤을 사용해도 좋다.

X-mas tree

페이스페인팅 | **크리스마스**

>> 04

캔디케인

✲ 따라해 보세요

흰색으로 지팡이 모양을 그린다.

빨간색을 이용하여 지팡이의 무늬를 넣어준다.

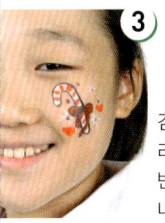

검정색으로 라인을 그려주고 리본을 그린 다음 하트와 반짝이로 화사한 분위기를 나타낸다.

✲ Tip
캔디케인의 사선은 펄 처리를 하는 것도 좋은 방법이다.

Candy cane

>> 05
루돌프

Rudolf

페이스페인팅 | **크리스마스**

✱ 따라해 보세요

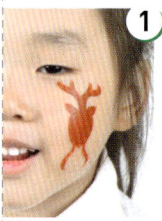
1
갈색을 이용하여 루돌프의 뿔과 머리 모양을 그려준다.

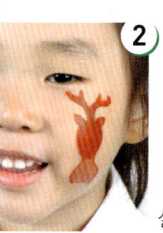
2
살색으로 목 아랫부분을 칠한다.

3
초록색에 변화를 주면서 사슴 목 주위로 리스를 그린다.

4
빨간색으로 리스를 장식하고 리본을 그려주고, 진한 갈색으로 루돌프의 외곽선을 그린 다음, 검은색으로 눈과 코를 그리고 반짝이로 장식하여 완성한다.

✱ Tip
음표 처리를 해주어서 밝은 성탄분위기를 표현한다.

>> 06

산타할아버지

Santaclaus Santaclaus

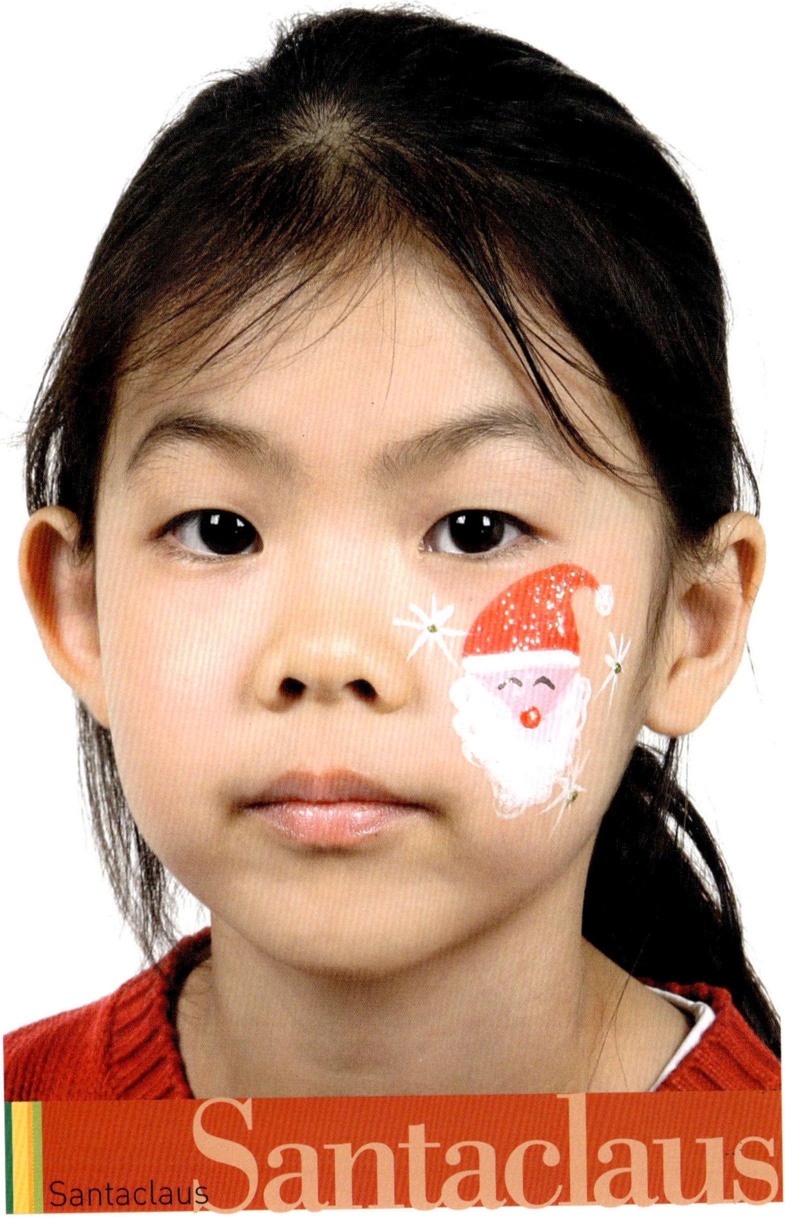

＊ 따라해 보세요

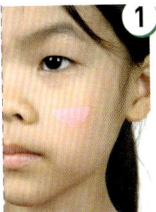

싼타의 얼굴 모양을 살색으로 그린다.

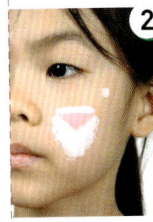

흰색 물감으로 수염과 털모자의 흰부분을 그린다.

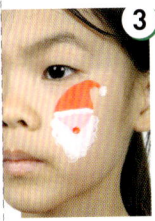

빨간색으로 모자와 코를 그린다.

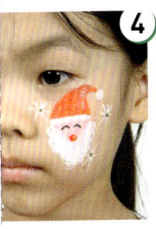

검정색으로 눈을 그리고 여러 가지 모양을 덧붙여 완성 한다.

＊ Tip

산타 얼굴을 살색으로 칠하지 않고 비워 두어도 얼굴을 표현할 수 있다.

>> 07
성탄초

X-mas candle

페이스페인팅 | **크리스마스**

✻ 따라해 보세요

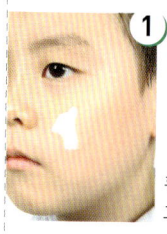
① 흰색으로 초가 녹아 있는 모양을 그린다.

② 초 아랫부분에 녹색으로 잎사귀를 안에서 바깥쪽으로 그린다.

③ 노란색으로 불꽃과 빛을 그린다.

④ 빨간색으로 불꽃의 안쪽을 덧칠하고 잎사귀 부분에 열매를 그린다.

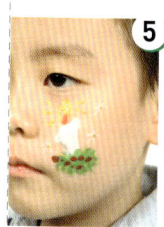
⑤ 별을 그리고 글리터젤로 마무리한다.

✻ Tip
캔들의 색은 꼭 흰색이 아니어도 된다.

>> 08

성탄열매

Christmas-acom

✱ 따라해 보세요

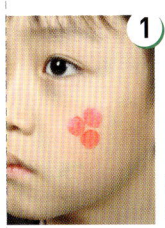

1) 빨간색으로 동그라미를 붙여서 세 개를 그린다.

2) 녹색으로 잎사귀를 열매보다 크게 그린다.

3) 검정색으로 잎사귀의 테두리를 그리고 열매에는 흰색으로 하이라이트를 준다.

4) 글리터젤을 발라 화려한 분위기를 표현한다.

✱ Tip
성탄 열매의 위치는 윗쪽으로 그려야 포인트가 강하다.

>> 09

눈결정

Snow flakes

페이스페인팅 | 크리스마스

✱ 따라해 보세요

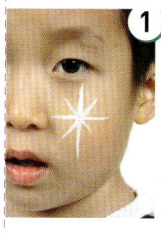

1. 눈의 모양을 십자 모양으로 그리되 대각선은 조금 짧게 그린다.

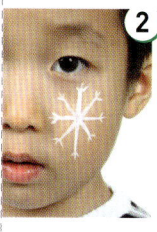

2. 라인의 끝을 화살표 모양으로 만들어 준다.

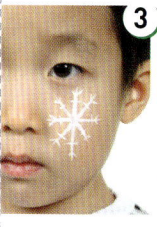

3. 화살표 안쪽으로 짧은 선을 그린다.

4. 글리터젤로 마무리한다.

✱ Tip
눈 모양을 그릴 때는 붓으로 한번에 그려야 깔끔하다.

크리스마스 작품 갤러리

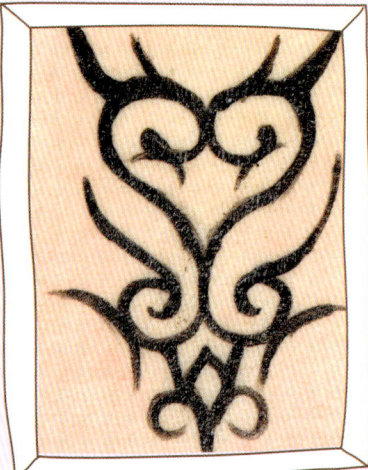

페이스페인팅
PART 9

템퍼러리 타투

>> 01

스텐실

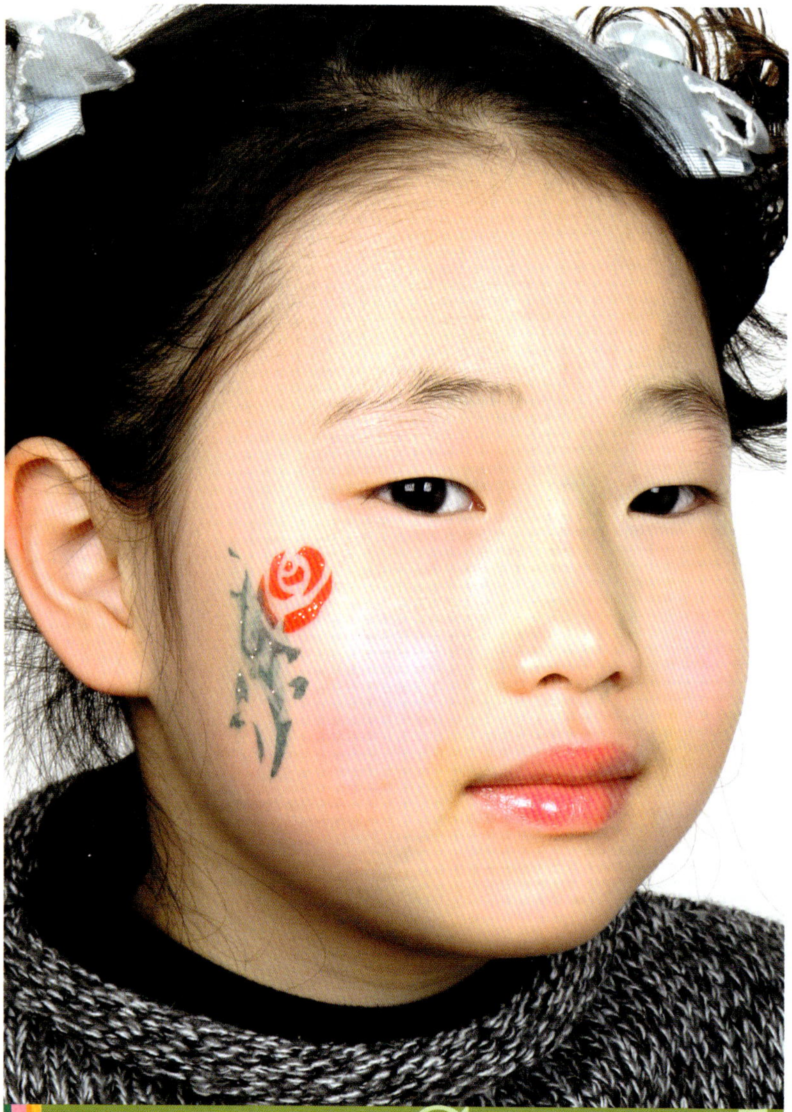

Stencil

Stencil

✱ 따라해 보세요

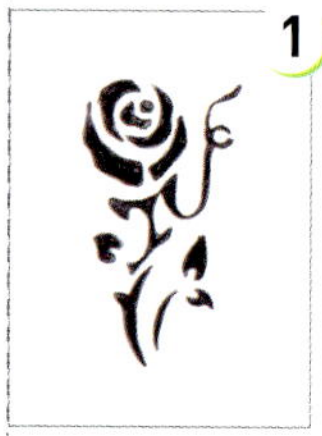

1 원하는 도안을 종이에 그린다.

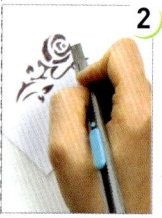

2 종이 위에 필름지를 올리고 칼로 그림을 따라 오린다.

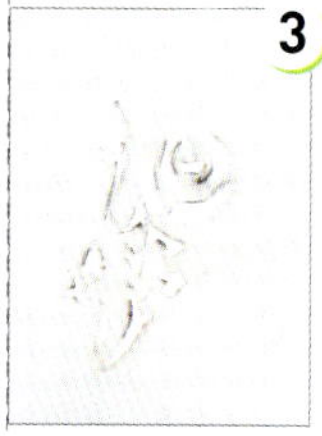

3 도안이 완성된 모습이다.

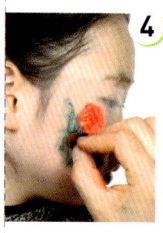

4 도안을 얼굴에 댄 후 판의 구멍에 대고 물감을 묻힌 스펀지를 두드려 준다.

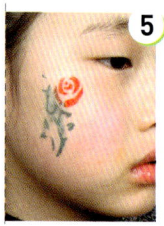

5 물감이 번지지 않도록 주의하여 판을 떼어내고 반짝이 가루나 글리터젤을 이용해 마무리한다.

✱ Tip

스펀지에 물을 너무 많이 묻히면 물감이 번지므로 주의해야 한다.

>> 02 펄 타투

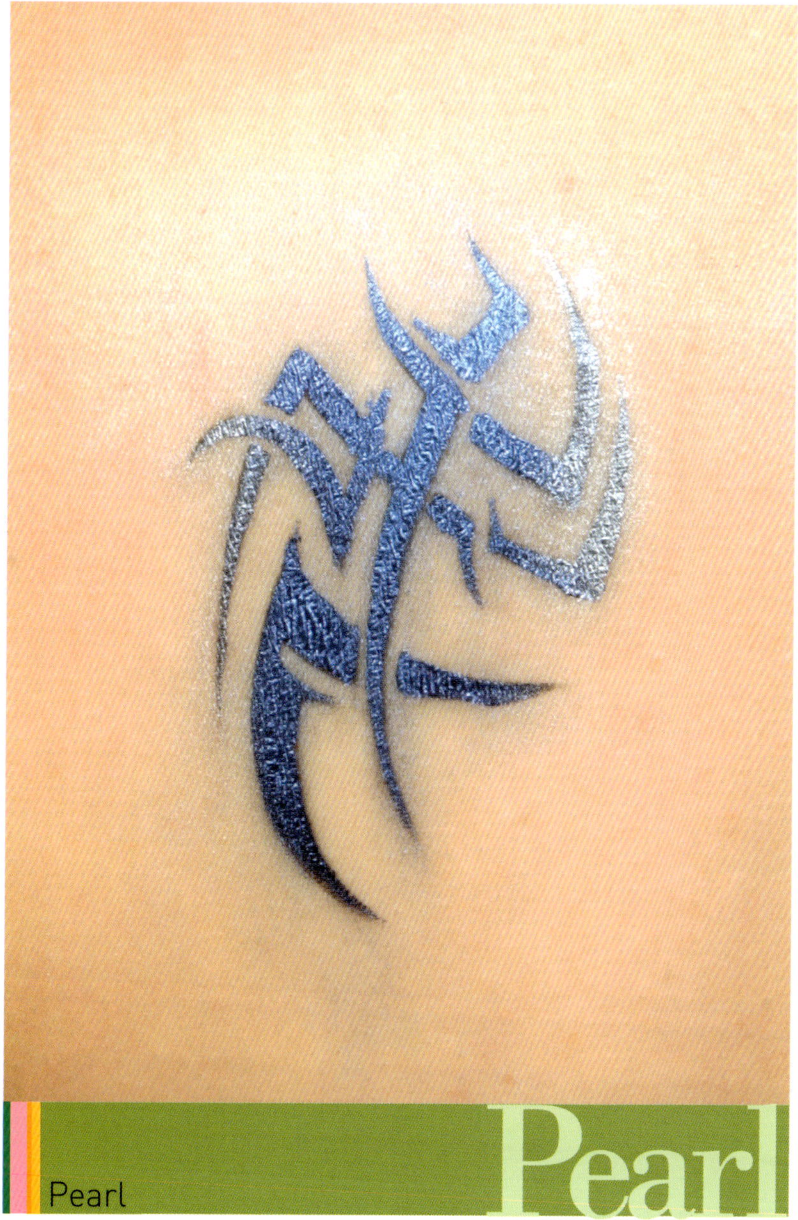

Pearl

✱ 따라해 보세요

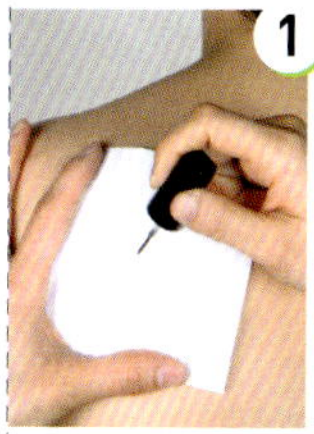

1
도안의 무늬가 있는 쪽을 원하는 부위에 댄 후 복사액을 충분히 발라서 눌러준다.

2
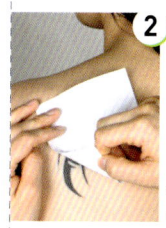
도안이 움직이지 않도록 주의하며 떼어낸다.

3

도안이 복사된 곳에 펄 타투용 잉크를 충분히 묻혀 채워준다.

4
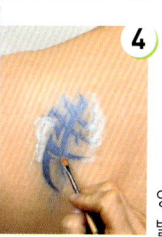
잉크 위에 펄 타투용 펄가루를 발라준다.

5

큰 브러시로 피부에 남은 펄을 털어내면 잉크 위에만 펄이 남게 된다.

✱ Tip
펄 타투용 잉크는 사용 전에 충분히 흔들어서 사용해야 적절한 농도를 맞출 수 있다.

>> 03

레인보우 타투 1

Rainbow Rainbow

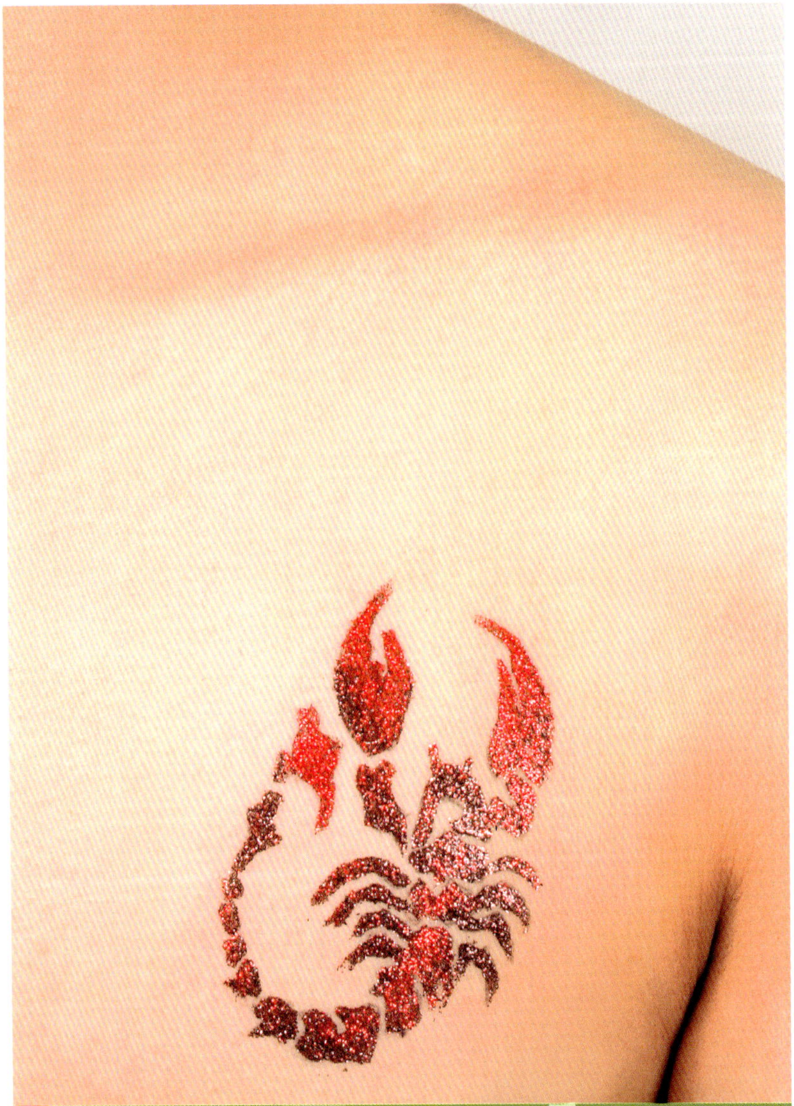

* 따라해 보세요

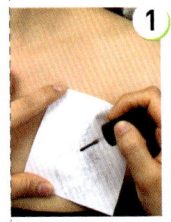

1 도안의 무늬가 있는 쪽을 원하는 부위에 댄 후 복사액을 충분히 발라서 눌러준다.

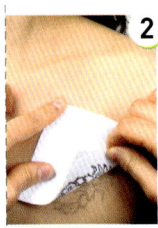

2 도안이 움직이지 않도록 주의하며 떼어낸다.

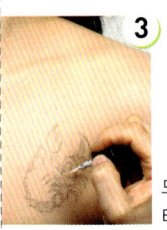

3 도안이 복사된 곳에 레인보우 타투용 본드를 잘 발라준다.

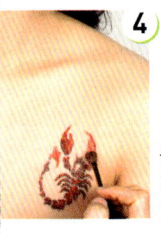

4 본드가 살짝 마른 후에 레인보우 타투용 반짝이 가루를 덧발라 준다.

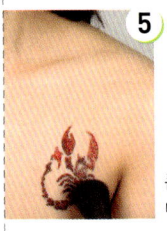

5 큰 브러시로 피부에 남은 반짝이를 털어내면 완성된다.

✻ Tip

레인보우 타투용 본드는 피부에 발라 놓으면 투명하게 변한다. 이때 가루를 덧발라 준다.

>> 04

레인보우 타투 2

Rainbow

Rainbow

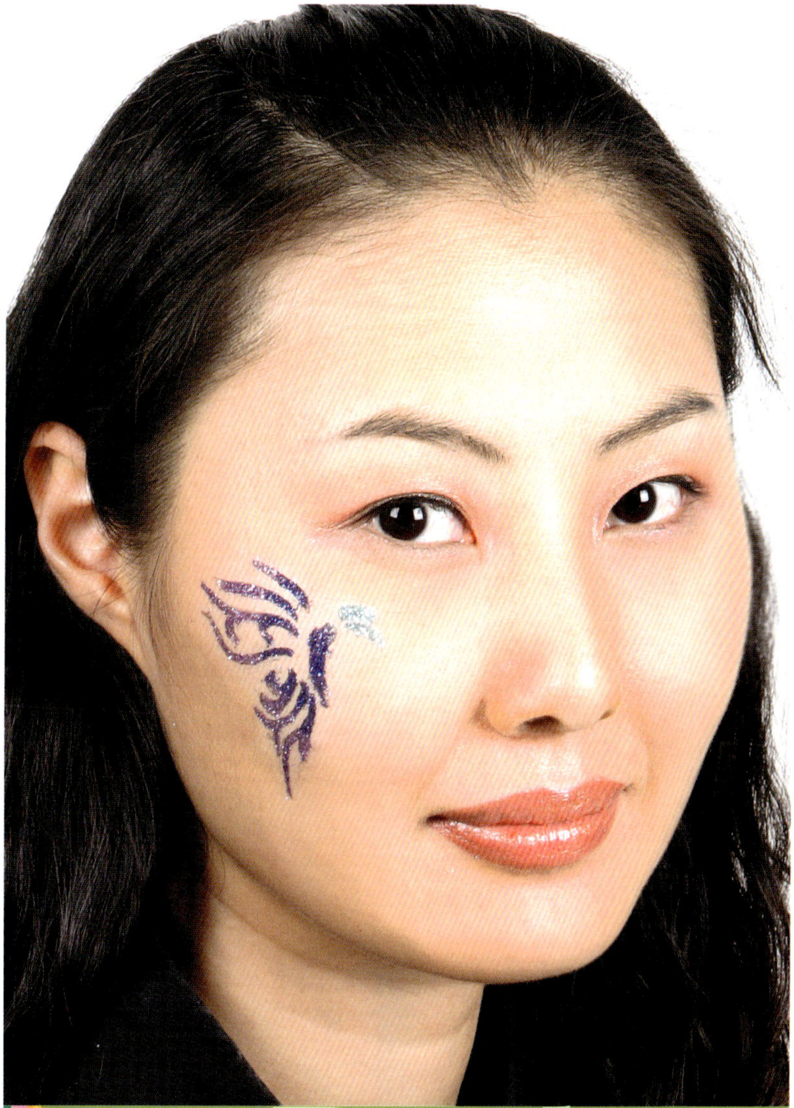

✱ 따라해 보세요

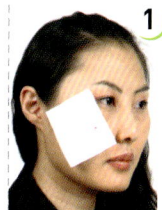

1

도안의 무늬가 있는 쪽을 원하는 부위에 댄 후 복사액을 충분히 발라서 눌러준다.

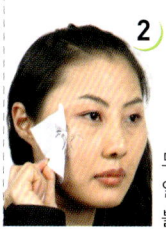

2

도안을 조심스럽게 떼어내면 얼굴에 도안이 복사된 모습을 볼 수 있다.

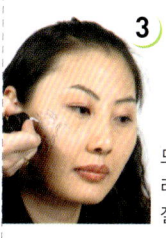

3

도안이 복사된 곳에 레인보우 타투용 본드를 잘 발라준다.

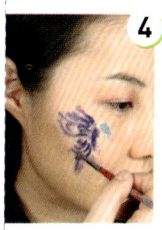

4

본드가 살짝 마른 후에 레인보우 타투용 반짝이 가루를 덧발라준다.

5

큰 브러시로 피부에 남은 반짝이를 털어내면 완성된다.

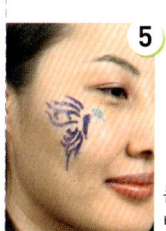

>> 05 에어브러시1

Air Brush

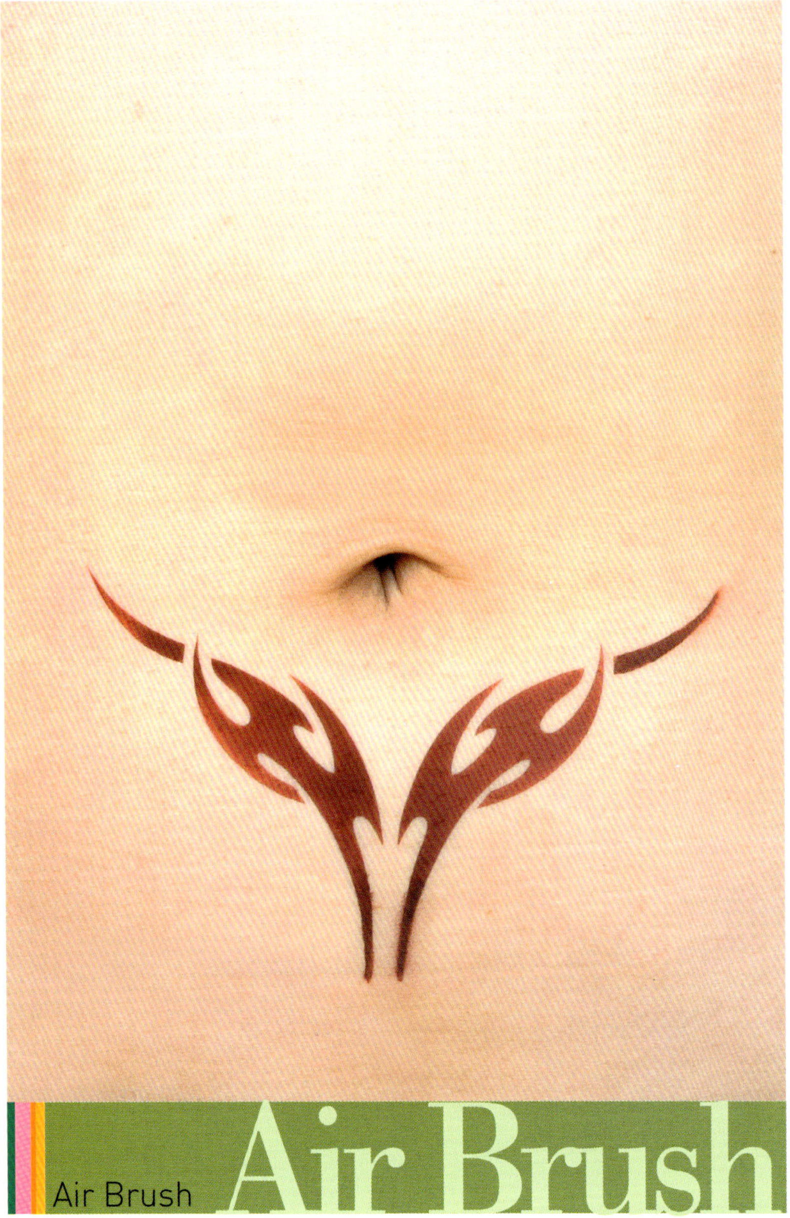

✱ 따라해 보세요

1. 템플릿판의 뒷면에 임시고정용 스프레이를 뿌린다.

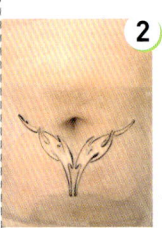

2. 스프레이가 뿌려진 쪽을 원하는 부위에 붙인다.

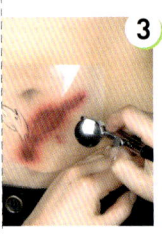

3. 에어브러시로 균일하게 뿌린 후 판을 떼어낸다.

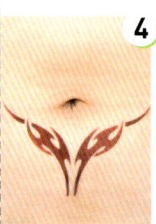

4. 완성된 모습이다.

✱ Tip
뼈나 근육 등으로 굴곡이 심한 부분은 피부와 판이 들뜨는 곳이 없는지 꼼꼼하게 체크하도록 한다.

>> 06
에어브러시 2

✱ 따라해 보세요

1. 템플릿판의 뒷면에 임시고정용 스프레이를 뿌린다.

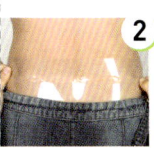

2. 스프레이가 뿌려진 쪽을 원하는 부위에 붙인다.

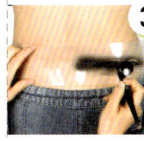

3. 에어브러시로 균일하게 뿌린다.

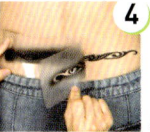

4. 조심스럽게 템플릿판을 떼어낸다.

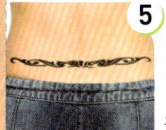

5. 완성된 모습이다.

Air Brush

템퍼러리 타투 작품 갤러리

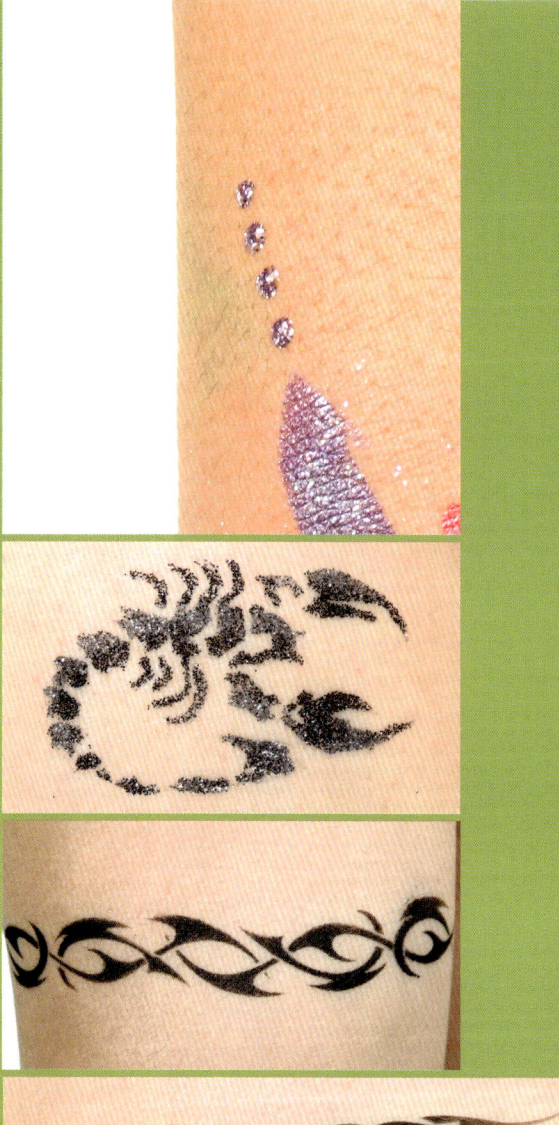

페이스페인팅 : **템퍼러리타투**

도안 및 포토갤러리

환타지 디자인

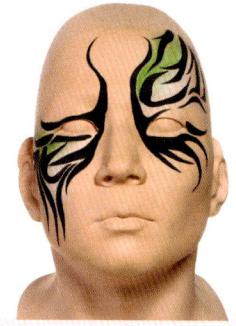 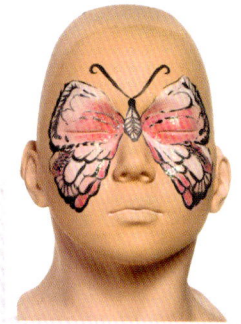  

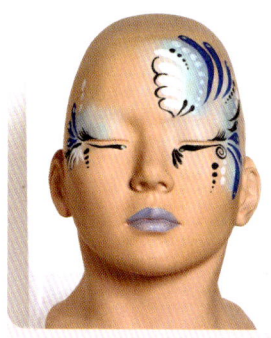  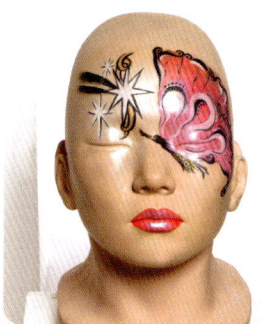 

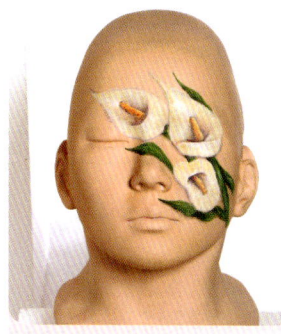 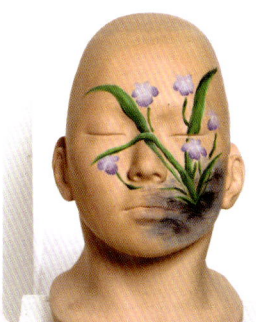 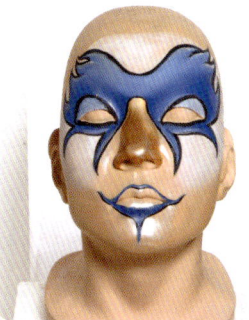 

클립아트 🎨

페이스페인팅 | **클립아트**

포토갤러리

페이스페인팅 | **포토갤러리**

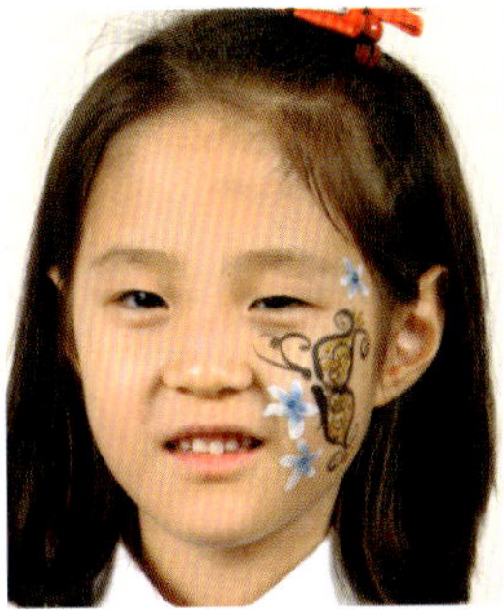

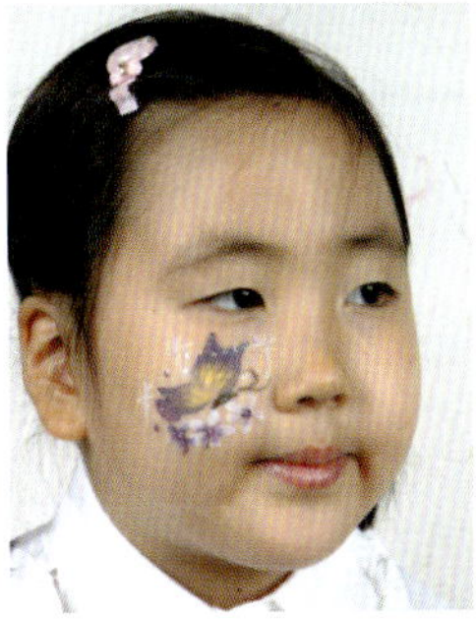

 **사단법인 국제파티예술문화협회**
International Party art Culture Association

사단법인 국제파티예술문화협회는 외국비영리법인(국제법인)으로서 본 협회의 관련자격증은 법률 제 5314호 자격기본법 및 대통령령 제 15453호에 의거하여 벌룬 아티스트 및 페이스페인팅, 파티플래너 등 관련 전문 라이센스를 취득할 수 있습니다.

- 협회홈페이지 : www.partykorea.or.kr
- 다음카페 : 페이스페인팅 페페월드(cafe.daum.net/fefeworld)

Face Painting

개성만점 페이스페인팅 활용

2010년 9월 1일 인쇄
2010년 9월 5일 발행

저자 : 국제파티문화예술협회 편집부
사진 : 구자익
펴낸이 : 이정일

펴낸곳 : 도서출판 **일진사**
www.iljinsa.com

140-896 서울시 용산구 효창동 5-104
대표전화 : 704-1616, 팩스 : 715-3536
등록번호 : 제 3-40호(1979. 4. 2)

값 15,000원

ISBN : 978-89-429-1183-7

＊이 책에 실린 글이나 사진은 문서에 의한 출판사의
동의 없이 무단 전재·복제를 금합니다.

Face Painting